小古文 5

史记精选

杜志建◎主编

汕頭大學出版社

图书在版编目（CIP）数据

小古文．5 / 杜志建主编．-- 汕头：汕头大学出版社，2022.3
（疯狂阅读）
ISBN 978-7-5658-4611-3

Ⅰ．①小… Ⅱ．①杜… Ⅲ．①文言文－阅读教学－中学－教学参考资料 Ⅳ．① G634.333

中国版本图书馆 CIP 数据核字 (2022) 第 024662 号

小古文．5　　XIAOGUWEN. 5

主　　编：杜志建
责任编辑：汪艳蕾
责任技编：黄东生
策　　划：李　佳
封面设计：王媚设计工作室
版面设计：力源文化
出版发行：汕头大学出版社
广东省汕头市大学路 243 号汕头大学校园内　邮政编码：515063
电　　话：0754-82904613
印　　刷：洛阳和众印刷有限公司
开　　本：890mm × 1240mm　1/32
印　　张：8
字　　数：218 千字
版　　次：2022 年 3 月第 1 版
印　　次：2022 年 3 月第 1 次印刷
定　　价：29.00 元
ISBN 978-7-5658-4611-3

目录

壹 本纪

贰 世家

叁 列传

壹

本纪

阪泉之战与涿鹿之战

《五帝本纪》

轩辕之时，神农氏世衰，诸侯相侵伐，暴虐百姓，而神农氏弗能征。于是轩辕乃习用干戈以征不享[①]，诸侯咸来宾从[②]。而蚩尤[③]最为暴，莫能伐。炎帝欲侵陵诸侯，诸侯咸归轩辕。轩辕乃修德振兵，治五气，艺五种[④]，抚万民，度四方[⑤]，教熊罴貔貅貙虎[⑥]，以与炎帝战于阪泉之野[⑦]。三战，然后得

① 不享：指不朝贡的诸侯。

② 宾从：服从，归顺。

③ 蚩尤：传说中的九黎部落首领。

④ 五种：五谷。

⑤ 度四方：丈量规划四方土地。

⑥ 熊罴（pí）貔貅（píxiū）貙（chū）虎：罴，熊的一种，也叫人熊、马熊。貔，似虎之猛兽。貅，传说中一种猛兽。貙，一种似狸而较大的虎属猛兽。一说以这六种猛兽为图腾的各部落，一说以此比喻军队的勇猛。

⑦ 野：原野。

其志。

蚩尤作乱，不用帝命。于是黄帝乃征师诸侯，与蚩尤战于涿鹿之野，遂禽杀蚩尤。而诸侯咸尊轩辕为天子，代神农氏，是为黄帝。天下有不顺者，黄帝从而征之，平者去之，披[8]山通道，未尝宁居。

---

⑧ 披：劈，开。

译文

轩辕所处的那个时代，神农氏的后代已经衰败，各地诸侯互相侵犯征战，残害虐待百姓，而神农氏却没有实力去征讨他们。轩辕便动用武力，征讨那些不来朝见神农氏的诸侯，四方诸侯都来归顺。而其中最为凶残暴虐的蚩尤，还没有人能够征讨制服他。炎帝也想侵略欺压诸侯，各诸侯都来依附轩辕。于是轩辕文修政治，武修军队，顺应五行、四季等自然现象，种植五谷（黍、稷、菽、麦、稻），安抚万千民众，丈量规划四方土地，将以熊、罴、貔、貅、貙、虎作图腾的氏族斗士

训练成勇猛的军队，在阪泉郊外的原野与炎帝展开交战。先后打了数次仗，黄帝才取得了胜利。

蚩尤发动叛乱，不听从黄帝的命令。于是黄帝向各地的诸侯征调军队，在涿鹿郊外的田野上与蚩尤开战，最终抓住并杀死了蚩尤。这样，四方诸侯都俯首归顺轩辕，尊他为天子，轩辕取代了神农氏，这便是黄帝。那之后，天下哪里有人不归顺，黄帝就去征战讨伐，等到平定了叛乱便离开，一路上劈山开道，从来没有在哪里安稳定居过。

尧禅位

《五帝本纪》

尧立七十年得舜，二十年而老，令舜摄行天子之政，荐之于天。尧辟位凡二十八年而崩。百姓悲哀，如丧父母。三年，四方莫举乐，以思尧。尧知子丹朱之不肖①，不足②授天下，于是乃权授舜。授舜，则天下得其利而丹朱病③；授丹朱，则天下病而丹朱得其利。尧曰："终④不以天下之病而利一

① 不肖：不贤。
② 不足：不能。
③ 病：损害，受损。
④ 终：终究。

人。”而卒[5]授舜以天下。尧崩，三年之丧毕，舜让辟丹朱于南河之南。诸侯朝觐者不之丹朱而之舜，狱讼者不之丹朱而之舜，讴歌者不讴歌丹朱而讴歌舜。舜曰：“天也。”夫而后之中国践天子位焉，是为帝舜。

⑤ 卒：最后。

译文

尧在位七十年才得到舜，二十年后告老退位，让舜代替自己行使天子政务，并向上天举荐他。尧让位二十八年后去世。百姓们都哀痛悲伤，就好像是自己的父母去世一样。这之后的三年里，全国都停止了娱乐活动，以表达对尧的哀思之情。尧知道自己的儿子丹朱不贤，担任不起治理天下的重任，不能传位于他，于是就把帝位传给了舜。传位于舜，能让天下人都得利而只有丹朱一人受到损害；传位于丹朱，那将使天下人都受到损害却只有丹朱一人获利。尧说：

"终究是不能损害天下人而使一人获利。"最后还是把天下传给了舜。尧去世之后,等到三年丧期结束,舜便让位给丹朱并躲到了南河之南的地方。觐见天子的诸侯都不去拜见丹朱,而是去拜见舜,需要打官司求诉讼的人也不去找丹朱而是去找舜,歌功颂德的人也都不歌颂丹朱而只歌颂舜。舜说:"这是天意啊。"于是他回到帝都登上了天子之位,这就是舜帝。

虞舜挖井

《五帝本纪》

瞽叟尚复欲杀之，使舜上涂廪[1]，瞽叟从下纵火焚廪。舜乃以两笠自捍[2]而下，去，得不死。后瞽叟又使舜穿井，舜穿井为匿空旁出。舜既入深，瞽叟与象共下土实[3]井，舜从匿空出，去。瞽叟、象喜，以舜为已死。象曰："本谋者象。"象与

① 廪：粮仓。
② 捍：防护。
③ 实：填充。

其父母分，于是曰："舜妻尧二女，与琴，象取之。牛羊仓廪予父母。"象乃止舜宫居，鼓其琴。舜往见之，象鄂[4]不怿[5]，曰："我思舜正郁陶[6]！"舜曰："然，尔其庶矣！"舜复事瞽叟爱弟弥谨。

④ 鄂：同"愕"，吃惊。

⑤ 怿(yì)：高兴。

⑥ 郁陶：难过。

译文

瞽叟还想再次杀掉舜，他让舜爬到粮仓上涂泥来修复仓顶，自己在底下放火想要烧掉粮仓。舜拿着两个斗笠分别放在身体两侧防护自己，从仓顶跳下逃走了，没有死。后来瞽叟又让舜挖井，舜挖井的时候在井侧挖了一条可以通往外面的暗道。等舜挖到深处，瞽叟和象两人一起往井里填土想要埋掉舜，而舜却从井侧的那条暗道里逃掉了。瞽叟和象很高兴，以为舜已经死了。象说："这个好主意可是我出的。"象便要和父母瓜分舜的财物，于是说："舜的两个妻子都是尧的女儿，还有琴，这些都归我吧，牛羊牲口和粮仓这些都归爸妈吧。"象就住进舜的房子，弹舜的琴。舜回来见象，象看到他十分震惊又赶紧装成闷闷不乐的样子，说："我正思念哥哥你呢，心里十分难过。"舜说："真好啊，你终于像我的好弟弟了！"之后，舜依然像之前那样孝顺瞽叟，爱护弟弟，愈发恭谨起来。

鲧治洪水

《夏本纪》

当帝尧之时，洪水滔天，浩浩怀[1]山襄陵，下民其忧。尧求能治水者，群臣四岳[2]皆曰鲧可。尧曰："鲧为人负命[3]毁族，不可。"四岳曰："等之未有贤于鲧者，愿帝试之。"于是尧听四岳，用鲧治水。九年而水不息，功用不成。于是帝尧乃求人，更得舜。舜登用[4]，摄行天子之政，巡狩。行视鲧之治水无状[5]，乃殛鲧于羽山以死。天下皆以舜之诛为是。于是舜举鲧子禹，而使续鲧之业。

---

① 怀：包。

② 四岳：四方诸侯之长。

③ 负命：违背命令。

④ 登用：任用。

⑤ 无状：不像样子，指没有功绩或没有良好表现。

译文

尧在位的时候，遭遇了洪水之灾，滔滔洪水，浩浩荡荡侵袭了山岭，淹没了高地，平民百姓不堪其扰。尧到处去寻可治理洪水的人，分管四方的诸侯都说鲧可以。尧说：“鲧这个人违背命令，毁败同族，用不得。”众诸侯说：“相比较而言，已经没有比鲧更合适的人选了，望您考虑一下让他试试。”于是尧听大家的意见，同意让鲧去治水。然而九年过去了，洪灾依然泛滥，鲧没有治水成功。此时帝尧就寻访贤人，得到了舜。舜被任用，代行天子之政事，四处巡察。途中看到鲧治水毫无进展，便把鲧放逐到羽山，结果鲧就死在了那里。天下人都觉得舜的惩罚是正确的。这时候舜推荐了鲧的儿子禹，接替鲧继续治理洪水。

大禹治水

《夏本纪》

禹乃遂与益、后稷奉帝命，命诸侯百姓①兴②人徒以傅③土，行山表木④，定高山大川。禹伤⑤先人父鲧功之不成受诛，乃劳身焦思，居外十三年，过家门不敢入。

---

① 百姓：即百官。战国以前百姓是对贵族的通称，因为当时只有贵族才有姓，而平民没有姓。

② 兴：发动。

③ 傅：指分治九州土地。

④ 表木：立木作表记。表，表记。

⑤ 伤：悲伤。

译文

于是禹便和益、后稷遵奉帝舜的命令，指挥诸侯百官发动那些被罚服劳役的罪人分治九州土地，他们一路上翻山越岭，立下木桩作为标志，丈量高山大川的状貌。禹为父亲鲧治水无功受罚感到悲伤，于是不顾劳累，苦思冥想，在外面生活了十三年，从家门前路过都不敢进去探望。

网开三面

《殷本纪》

汤出，见野张网四面，祝[1]曰：“自天下四方皆入吾网。”汤曰：“嘻，尽之矣！”乃去其三面，祝曰：“欲左[2]，左。欲右，右。不用命[3]，乃入吾网。”诸侯闻之，曰：“汤德至矣，及[4]禽兽。”

① 祝：祈祷，祝祷。
② 左：指向左。
③ 不用命：不听从命令。
④ 及：推及。

译文

有次汤外出，在野外看见有人四面都布下了网，那人祈祷说："愿天下四面八方的禽兽都能进到我的网里。"汤说："唉，这样都一网打尽了！"于是，汤便叫人撤去其中三面网，并祈祷说："想要从左边走的，就向左走。想要从右边走的，就向右走。不听从命令的，就钻进我的网中吧。"诸侯们听说此事，都说："汤真是一个性情宽厚至极的人啊，其德才都惠及禽兽了。"

纣王败国

《殷本纪》

纣愈淫乱不止。微子数[1]谏不听，乃与大师、少师谋[2]，遂去[3]。比干曰："为人臣者，不得不以死争[4]。"乃强谏纣。纣怒曰："吾闻圣人心有七窍。"剖比干，观其心。箕子惧，乃详[5]狂为奴，纣又囚之。殷之大师、少师乃持其祭乐器奔周。周武王于是遂率诸侯伐纣。纣亦发兵距之牧野。

甲子日，纣兵败。纣走，入登鹿台，衣其宝玉衣，赴火而死。周武王遂斩纣头，悬之大白旗。杀妲己。释箕子之囚，封比干之墓，表商容之闾。封纣子武庚禄父，以续殷祀，令修行盘庚之政。殷民大说[6]。

---

① 数：屡次。
② 谋：商量。
③ 去：离去。
④ 争：同"诤"，规劝。
⑤ 详：同"佯"，假装。
⑥ 说：同"悦"，愉快。

译文

纣王愈发淫乱，没有止境。微子屡次进谏劝阻，纣王都不听劝，于是微子就同太师、少师商量，离开了殷。比干说："身为人臣，该劝阻时就是死也必须劝谏。"于是他强行劝谏纣王。纣王大怒，说："我听说圣人的心都有七窍。"于是命人剖开比干的胸腔，观看他的心。箕子感到恐惧，就假装疯癫去给人家当了奴隶，但纣王知道后还是把箕子囚禁起来。殷的太师、少师拿着祭器、乐器逃到了周国。周武王见此时机就率领诸侯讨伐殷纣。纣王派出军队在牧野进行抵御。

甲子那一天，纣王的军队被打败。纣王仓皇逃跑，入宫登上鹿台，穿着他的宝玉衣，跳入火海自焚而死。周武王赶到，斩下纣王之首，悬挂在白旗上示众。周武王又处死了妲己。释放了箕子，修缮了比干的坟墓，表彰了商容的里巷。封纣王的儿子武庚禄父，让他承续殷的祭祀，并责令他施行盘庚时期的仁政。殷的百姓都非常高兴。

防民之口甚于防川

《周本纪》

王行暴虐侈傲，国人谤王。召公谏曰："民不堪命矣。"王怒，得卫巫，使监谤者，以告则杀之。其谤鲜矣，诸侯不朝。三十四年，王益严，国人莫敢言，道路以目。

厉王喜，告召公曰："吾能弭谤矣，乃不敢言。"召公曰："是鄣[①]之也。防民之口，甚于防水。水壅[②]而溃[③]，伤人必多，民亦如之。是故为水者决[④]之使导，为民者宣[⑤]之使言。故天子听政，使公卿至于列士献诗，瞽[⑥]献曲，史献书，师箴，瞍赋，

---

① 鄣：堵塞。

② 壅：堵塞不通。

③ 溃：指大水冲破堤岸，四处奔流。

④ 决：疏通水道。

⑤ 宣：宣泄，表达。

⑥ 瞽：乐师。

矇[7]诵，百工谏，庶人传语，近臣尽规，亲戚补察，瞽史教诲，耆艾修之，而后王斟酌焉，是以事行而不悖。民之有口也，犹土之有山川也，财用于是乎出，犹其有原隰[8]衍沃也，衣食于是乎生。口之宣言也，善败于是乎兴。行善而备败，所以产财用衣食者也。夫民虑之于心而宣之于口，成而行之。若壅其口，其与能几何？”

王不听。于是国莫敢出言。三年，乃相与畔[9]，袭厉王。厉王出奔于彘。

---

⑦ 矇：盲人。

⑧ 原隰：原野。

⑨ 畔：同“叛”，反叛。

译文

厉王暴虐无道，奢侈傲慢，国人都对他的过失议论纷纷。召公劝谏说：“民众已经不能忍受您的暴政了。”厉王发怒，找来卫国的巫人，让他监视对王非议的人，凡是报上来的人就杀掉。国人的非议变少了，诸侯也都不来朝拜了。三十四年，厉王更加严苛，国人都不敢公开交谈，走在路上也只是互相用眼神示意。

厉王很高兴，对召公说：“我能够平息非议，让他们都不敢讲话。”召公说：“这是因为你堵住了他们的口罢了。阻止民众的口，比阻止水的流动还要危险。水被堵塞再决堤泛滥，必然会伤更多人，人民也是这样。所以治水应该开流疏导，治民也应使他们畅所欲言。因此天子听闻政事民情，要让公卿以至列士都进呈讽谏诗篇，乐师进献乐曲，史官进献书籍，少师进言劝谏，盲人诵读诗赋，百工之人均可进谏，平民可以议论君上，王的左右近臣都能规劝，君王的同宗都能补察过失，乐师和太史教导诲育，年长者经常告诫，然后王斟酌处理，这样政事得以施行而不违背情理。民众有口就像土地有山川，是财货之源，像大地有平原沃野，是衣食之源，人们能够畅所欲言，政治的美善成败就都可以反映出来。好的实行，坏的防备，这是财货和衣食产生的根源。民众心中的思虑从口中表达出来，事情决定了就实行它。如果堵住他们的嘴，那么能维持多久呢？”

厉王并不听劝。全国都没有人敢讲话。三年后，大家竟联合起来反叛，袭击厉王。厉王逃到彘地。

烽火戏诸侯

《周本纪》

褒姒不好笑，幽王欲其笑万方[①]，故不笑。幽王为烽燧大鼓，有寇至则举烽火。诸侯悉至，至而无寇，褒姒乃大笑。幽王说之，为数举烽火。其后不信，诸侯益亦不至。

幽王以虢石父为卿，用事[②]，国人皆怨。石父为人佞巧善谀好利，王用之。又废申后，去太子也，申侯怒，与缯、西夷犬戎攻幽王。幽王举烽火征兵，兵莫至。遂杀幽王骊山下，虏褒姒，尽取周赂[③]而去。

---

① 万方：指千方百计。

② 用事：执掌政事。

③ 赂：财物。

译文

褒姒不爱笑，幽王千方百计要她发笑，她就是不笑。幽王设置有报警的烽火台和大鼓，如有盗寇来犯就点燃烽火。幽王点燃烽火，诸侯都赶来了，却没有敌寇，褒姒果然大笑起来。幽王很高兴，又为褒姒多次点燃烽火。幽王其后失去信用，诸侯们渐渐不来了。

幽王任用虢石父为卿，执掌政事，国人都怨恨他。石父为人奸佞巧诈，善于阿谀，贪图利禄，幽王却任用他。幽王又废去申后和太子，申侯大怒，联合缯国、西夷的犬戎攻打幽王。幽王燃起烽火召集军队，诸侯军队没有来救驾的。犬戎就在骊山杀了幽王，俘虏了褒姒，抢光周王室的财物才离去。

羊皮换相

《秦本纪》

晋献公灭虞、虢，虏虞君与其大夫百里奚，以璧马赂于虞故也。既虏百里奚，以为秦穆公夫人媵[①]于秦。百里奚亡秦走宛，楚鄙人执[②]之。穆公闻百里奚贤，欲重赎之，恐楚人不与，乃使人谓楚曰："吾媵臣百里奚在焉，请以五羖羊皮[③]赎之。"楚人遂许与之。当是时，百里奚年已七十余。穆公释其囚，与语国事。谢[④]曰："臣亡国之臣，何足问！"穆公曰："虞君不用子，故亡，非子罪也。"固[⑤]问，语三日，穆公大说，授之国政，号曰五羖大夫。

---

① 媵：陪嫁。

② 执：拘捕。

③ 五羖（gǔ）羊皮：五张黑羊皮。羖，黑色公羊。

④ 谢：推辞，拒绝。

⑤ 固：坚持，执意。

译文

晋献公攻灭虞、虢二国，俘虏了虞的国君和他的大夫百里奚，这是用白玉和宝马贿赂虞国国君的结果。晋国俘虏了百里奚后，把他作为秦穆公夫人的陪嫁奴仆送给秦。百里奚从秦逃走，来到宛，被楚国边境的乡下人抓获。穆公听说百里奚很贤能，想要重金把他赎回，又担心楚人不给，就派人对楚人说："我的陪嫁奴仆百里奚现在在贵国，我请求用五张黑羊皮赎回他。"楚人同意把百里奚交给秦国。这个时候，百里奚已经七十多岁了。穆公为他松绑，和他讨论国事。百里奚辞谢说："我是亡国之臣，哪里值得您来向我询问呢！"穆公说："虞君正是因为不重用您，才使得国家灭亡，这并非您的罪过。"然后执意向他请教，谈了三天，穆公大为高兴，授予他处理国政的重任，号称"五羖大夫"。

秦始皇为政举措

《秦始皇本纪》

分天下以为三十六郡，郡置守、尉、监。更名民曰“黔[1]首”。大酺[2]。收天下兵[3]，聚之咸阳，销以为钟鐻[4]，金人十二，重各千石[5]，置廷宫中。一法度衡石丈尺。车同轨[6]。书同文字。地东至海暨朝鲜，西至临洮、羌中，南至北向户，北据河

---

① 黔：黑。
② 酺：聚饮。
③ 兵：兵器。
④ 鐻（jù）：古代一种像钟的乐器。
⑤ 石（dàn）：重量单位，一石一百二十斤。
⑥ 同轨：两轮间的距离一致。

为塞，并阴山至辽东。徙天下豪富于咸阳十二万户。诸庙及章台、上林皆在渭南。秦每破诸侯，写⑦放其宫室，作之咸阳北阪⑧上，南临渭，自雍门以东至泾、渭，殿屋复道⑨周阁相属。所得诸侯美人钟鼓，以充入之。

---

⑦ 写：仿照。

⑧ 阪：山坡。

⑨ 复道：楼阁之间的空中通道。

译文

始皇把天下分为三十六郡，郡设郡守、郡尉和郡监。改称百姓为“黔首”。天下狂欢庆祝。秦始皇收缴天下兵器，集中到咸阳，集中炼铸，铸造了铜钟和十二个金人，每个金人重达千石，放置在宫中。秦统一法律制度和度量衡标准。统一车辆两轮之间的距离。书写采用统一文字。全国地域东至大海和朝鲜，西至临洮和羌中，南至北向户，北依黄河

作为屏障，沿着阴山到达辽东。秦把天底下十二万户富豪迁徙到咸阳。祖庙及章台宫、上林苑都建在渭水以南。秦每攻破一个诸侯国，就模仿它的宫室，建造在咸阳北面的山坡上，南临渭水，从雍门以东直至泾水、渭水，宫殿房屋与四周楼阁有复道相连。秦从诸侯国掠夺来的美人和钟鼓，都安置在那里。

焚书坑儒

《秦始皇本纪》

始皇闻亡[1]，乃大怒曰："吾前收天下书不中用者尽去之。悉召文学方术士甚众，欲以兴太平，方士欲练[2]以求奇药。今闻韩众去不报，徐市等费以巨万计，终不得药，徒奸利相告日闻。卢生等吾尊赐之甚厚，今乃诽谤我，以重吾不德也。诸生在咸阳者，吾使人廉问[3]，或为妖言以乱黔首[4]。"

---

① 亡：逃亡。
② 练：指修炼。
③ 廉问：察访查问。
④ 黔首：指百姓。

于是使御史悉案问诸生，诸生传相告引，乃自除。犯禁者四百六十余人，皆坑之咸阳，使天下知之，以惩后⑤。益⑥发谪徙边。始皇长子扶苏谏曰："天下初定，远方黔首未集，诸生皆诵法孔子，今上皆重法绳⑦之，臣恐天下不安。唯上察之。"始皇怒，使扶苏北监蒙恬于上郡。

---

⑤ 后：后人。
⑥ 益：增加。
⑦ 绳：制裁，惩戒。

译文

始皇得知侯生和卢生逃亡的消息，大怒说：“我以前收缴了天下的图书，不中用的都烧掉了。尽力召集了很多文学、方术之士，想要用他们的才能使天下太平，方士想用修炼来求取仙药。现今韩众一去不复返，徐市等人又耗费巨大财力，最终也没获得灵药，每天只是传来一些方士们为奸谋利的消息。我尊重卢生等人，给他们的赏赐也很丰厚，现今他们竟敢诽谤我，来加重我的不仁。那些在咸阳的方士儒生，我派人去调查了解，发现有人妖言惑众。”

于是始皇派御史一一审讯这些儒生，儒生们为了洗刷自己，就相互告发。最终判处违犯法禁的有四百六十多人，全部在咸阳被活埋，秦又昭告天下让全国人民都知道，用以警戒后人。秦增加流放人员的数量，迁徙到边疆。始皇长子扶苏劝谏说：“天下刚平定不久，远方的百姓还未完全归顺，儒生们都学习效法孔子，如今皇上用这样严厉的手段来惩戒他们，臣担心天下会因此动乱。希望皇上明察。”始皇大怒，把扶苏派到北方上郡去监督蒙恬。

分一杯羹

《项羽本纪》

当此时，彭越[①]数反梁地，绝楚粮食，项王患之。为高俎[②]，置太公其上，告汉王曰："今不急下，吾烹太公。"汉王曰："吾与项羽俱北面受命怀王，曰'约为兄弟'，吾翁即若翁，必欲烹而翁，则幸分我一杯羹。"项王怒，欲杀之。项伯曰："天下事未可知，且为天下者不顾家，虽杀之无益，祗益祸耳。"项王从之。

---

① 彭越：曾在魏地举兵起义，后归顺刘邦，协助刘邦赢得楚汉之争。

② 俎：砧板。

译文

当时，彭越多次在梁地反击楚军，截断楚军粮食供应，项王很忧虑。项羽做了一张巨大的砧板，把刘太公放在上面，通知汉王说："如不快点投降，我就烹杀太公。"汉王说："我与你项羽一起为臣子，受命于怀王，曾相约'结为兄弟'，我的父亲就是你的父亲。如果一定要烹杀你的父亲，那么希望你能分给我一杯肉羹。"项王大怒，想要杀了太公。项伯说："天下大事的结果还不可预料，况且图谋天下的人都是不顾及家眷的，即使杀了太公也没有益处，只能徒增祸患罢了。"项王听从了他的话。

巨鹿之战

《项羽本纪》

项羽已杀卿子冠军，威震楚国，名闻诸侯。乃遣当阳君、蒲将军将卒二万渡河，救巨鹿。战少利，陈余复请兵。项羽乃悉[1]引兵渡河，皆沉船，破釜甑[2]，烧庐舍[3]，持三日粮，以示士卒必死，无一还心。于是至则围王离，与秦军遇，九[4]战，绝其甬道，大破之，杀苏角，虏王离。涉间不降楚，自

① 悉：全，所有。

② 釜甑：釜、甑都是古代煮食的器具。

③ 庐舍：军队的临时住处。

④ 九：指多次。

烧杀[5]。当是时，楚兵冠诸侯。诸侯军救巨鹿下者十余壁，莫敢纵兵。及楚击秦，诸将皆从壁上观[6]。楚战士无不一以当十，楚兵呼声动天，诸侯军无不人人惴恐。于是已破秦军，项羽召见诸侯将，入辕门[7]，无不膝行而前，莫敢仰视。项羽由是始为诸侯上将军，诸侯皆属焉。

---

⑤ 自烧杀：自焚而死。
⑥ 壁上观：在壁垒上观看。
⑦ 辕门：将帅的营门。

译文

项羽杀掉卿子冠军后，威震楚国，名声在众诸侯里传开。于是他派遣当阳君、蒲将军率领两万士兵渡过漳河，援救巨鹿。初战告捷后，陈余再次向项羽请求增援。项羽就率领全军渡过漳河，凿沉所有船只，砸破炊具，烧掉军营，带着三天的干粮，用这样的方式向士兵们表示自己决一死战，绝无退还之心。于是楚军一到就包围了王离的军队，与秦军相遇，交战多次，截断了他们的甬道，大破秦军，杀了苏角，俘虏了王离。涉间拒不降楚，自焚而死。当时，楚军奋勇当先居诸侯军之首。巨鹿城下，诸侯援军有十几座营寨，都不敢出战。楚军攻打秦军时，诸侯军将领都在营垒上观战。楚军战士无不以一当十，楚军杀声震天，诸侯军皆惊惧惶恐。打败了秦军后，项羽再召见诸侯，诸侯将领从进入将帅的营门时，无一不是跪着前行，都不敢抬头仰视。项羽从此成为诸侯的上将军，各路诸侯都隶属于他。

项庄舞剑，意在沛公

《项羽本纪》

范增数目项王，举所佩玉玦[①]以示之者三，项王默然不应。范增起，出，召项庄[②]，谓曰："君王为人不忍。若入前为寿，寿毕，请以剑舞，因击沛公于坐，杀之。不者，若属[③]皆且为所虏！"庄则入为寿。寿毕，曰："君王与沛公饮，军中无以为乐，请以剑舞。"项王曰："诺。"项庄拔剑起舞。项伯亦拔剑起舞，常以身翼蔽[④]沛公，庄不得击。

于是张良至军门见樊哙。樊哙曰："今日之事何如？"良曰："甚急！今者项庄拔剑舞，其意常在沛公也。"哙曰："此迫矣！臣请入，与之同命。"

---

① 玉玦：环形有缺口的佩玉。"玦"与"决"同音，范增用玦暗示项羽要下决心除掉刘邦。

② 项庄：项羽堂弟。

③ 若属：你们这些人。

④ 翼蔽：遮护。

译文

范增多次向项王使眼色，多次举起所佩玉玦暗示项王，项王却默然不做出任何反应。范增站起来，出去招呼项庄，对他说：“君王心软不肯下手。你进去敬酒，敬完酒请求舞剑助兴，找机会把沛公刺杀在座席上。不然的话，你们这帮人终将被他所俘虏！”项庄就进去敬酒。敬酒完毕，说：“君王与沛公饮酒，军中没有什么娱乐项目，请让我舞剑吧。”项王说：“好。”项庄拔剑起舞。项伯也拔剑起舞，经常用身体掩护刘邦，项庄没有机会行刺。

这时张良到军营门口找樊哙。樊哙问：“今天的事情怎么样？”张良说：“很危急！现在项庄拔剑起舞，其意图在沛公身上。”樊哙说：“事情这样紧急！请让我进去，我要与沛公同生共死。”

人为刀俎，我为鱼肉

《项羽本纪》

哙即带剑拥盾入军门。交戟之卫士欲止不内。樊哙侧其盾以撞，卫士仆地。哙遂入，披帷①西向立，瞋目视项王，头发上指，目眦②尽裂。项王按剑而跽③曰："客何为者？"张良曰："沛公之参乘樊哙者也。"项王曰："壮士！——赐之卮酒。"则与斗卮④酒。哙拜谢，起，立而饮之。项王曰："赐之彘肩⑤。"则与一生彘肩。樊哙覆其盾于地，加彘肩上，拔剑切而啖之。项王曰："壮士！能复饮乎？"樊哙曰："臣死且不避，卮酒安足辞！夫秦王有虎狼之心，杀人如不能举，刑人如恐不胜，天下皆叛之。怀王与诸将约曰：'先破秦入咸阳

---

① 披帷：掀开帷幕。

② 目眦：眼眶。

③ 按剑而跽：握着剑，挺直身子。这是一种警备姿势。古人席地而坐，两膝着地，要起身先挺直上身。

④ 斗卮：大酒杯。

⑤ 彘肩：猪的前腿根部。

者王之[6]。'今沛公先破秦入咸阳，毫毛不敢有所近，封闭宫室，还军霸上，以待大王来。故遣将守关者，备他盗出入与非常也。劳苦而功高如此，未有封侯之赏，而听细说[7]，欲诛有功之人，此亡秦之续耳。窃[8]为大王不取也！"项王未有以应，曰："坐。"樊哙从良坐。坐须臾，沛公起如厕，因招樊哙出。

沛公已出，项王使都尉陈平召沛公。沛公曰："今者出，未辞也，为之奈何？"樊哙曰："大行不顾细谨，大礼不辞小让。如今人方为刀俎，我为鱼肉，何辞为[9]？"于是遂去。

---

⑥ 王之：做关中王。

⑦ 细说：小人的谗言。

⑧ 窃：个人认为。常用作表示个人意见的谦辞。

⑨ 为：句末语气助词。

译文

樊哙立即拿着剑，手持盾闯入军门。两边举起交叉矛戟的卫士想阻止他不让进去。樊哙侧过盾一撞，卫士跌倒在地。樊哙就进去了，揭开帷帐，面向西站立，瞪大眼睛看着项王，头发直竖起来，眼眶都睁裂了。项王按剑挺身问："来客是干什么的？"张良说："这是沛公的参乘樊哙。"项王说："壮士！赐他一杯酒。"便递给樊哙一大斗酒。樊哙拜谢后，站起身喝了。项王说："赐他猪肘。"又递给他一条生猪肘。樊哙把盾牌扣在地上，把猪肘放在上面，拔剑出来把猪肘切了大口吞吃。项王问："壮士！还能喝酒吗？"樊哙说："臣连死都不怕，一杯酒有什么可推辞的！秦王有虎狼一样的心肠，杀人唯恐杀不尽，给人用刑唯恐用不尽，天下人都背叛了他。怀王同将领们约定：'先攻破秦军进入咸阳的在关中称王。'现在沛公先打败秦军进入咸阳，一点东西都不敢动用，封闭宫室，军队退回到霸上，等待大王的到来。沛公特意派将领把守关口，是为了防备其他强盗出入和意外情况。沛公这样劳苦功高，非但没有得到封侯的奖赏，大王却听信小人谗言，想要杀掉有功之人，这是继续走秦朝灭亡的老路。我以为大王不应该这样做！”项王无话可答，说：“坐。”樊哙紧靠张良坐下。坐了一会儿，沛公起身上厕所，趁机招呼樊哙出来。

沛公出去后，项王派都尉陈平去叫沛公。沛公说：“现在出来，还没有告辞，怎么办呢？”樊哙说：“干大事者不拘小节，行大礼不怕小的责备。眼下人家好比是屠刀和砧板，我们是鱼肉，还告辞什么？”于是离去。

项羽志大才疏

《项羽本纪》

项籍少时，学书[1]不成，去[2]学剑，又不成。项梁[3]怒之。籍曰："书足以记名姓而已。剑一人敌，不足学，学万人敌。"于是项梁乃教籍兵法，籍大喜，略知其意，又不肯竟学[4]。

---

① 书：古书典籍。
② 去：抛弃。
③ 项梁：项羽的叔父。
④ 竟学：完成学习。竟，完毕，最终。

译文

项籍年少时，学习读书写字，没有学成，后改学剑术，又没有学成。项梁很生他的气。项籍说："学认字能够记写名姓就足够了。剑术只能抵敌一人，不值得学，要学就要学那种对抗万人的本事。"于是项梁就教项籍兵法，项籍非常高兴，但粗略了解了其中的大意，就又不肯认真学下去。

霸王别姬

《项羽本纪》

项王军壁垓下，兵少食尽，汉军及诸侯兵围之数重。夜闻汉军四面皆楚歌，项王乃大惊曰：“汉皆已得楚乎？是何楚人之多也！”项王则夜起，饮帐中。有美人名虞，常幸从；骏马名骓，常骑之。于是项王乃悲歌忼慨，自为诗曰：“力拔山兮气盖世，时不利兮骓[1]不逝。骓不逝兮可奈何，虞兮虞兮奈若何！”歌数阕[2]，美人和之。项王泣数行下，左右皆泣，莫能仰视。

---

① 骓：毛色青白相杂的马。

② 阕：歌曲一首为一阕。

译文

项王的军队筑垒垓下，兵少粮尽，汉军及各路诸侯的军队把他们重重包围起来。晚上听到汉军在四面都唱着楚地的歌曲，项王惊骇道："汉军已经得到楚国全部的土地了吗？为什么楚人这么多呢！"项王夜间醒来，在营帐中饮酒。项王身边有位名叫虞姬的美人，一直受宠，常常随行；项王有匹名叫骓的骏马，经常骑它。这时项王就慷慨悲歌，口中吟唱道："力能拔山呀，气势盖世无双，时运不济呀，骓马难于驰骋。骓马不前行呀，可怎么办，虞姬呀虞姬，你何处把身安！"项王唱了几遍，虞姬应和伴唱。项王泪流数行，左右的侍从都跟着哭泣，没有人忍心抬头看他。

乌江自刎

《项羽本纪》

于是项王乃欲东渡乌江。乌江亭长檥船[①]待，谓项王曰：“江东虽小，地方千里，众数十万人，亦足王也。愿大王急渡。今独臣有船，汉军至，无以[②]渡。”项王笑曰：“天之亡我，我何渡为！且籍[③]与江东子弟八千人渡江而西，今无一人还，纵江东父兄怜而王我[④]，我何面目见之？纵彼不言，籍独不愧于心乎？”乃谓亭长曰：“吾知公长者。吾骑此马五岁，所当无敌，

---

① 檥（yǐ）船：船靠岸。
② 无以：没办法。
③ 籍：项羽名籍，这里是自称。
④ 王我：使我称王。

尝一日行千里，不忍杀之，以赐公。”乃令骑皆下马步行，持短兵接战。独籍所杀汉军数百人。项王身亦被十余创⑤。顾见汉骑司马吕马童，曰：“若非吾故人乎？”马童面之，指王翳曰：“此项王也。”项王乃曰：“吾闻汉购我头千金，邑万户，吾为若德。”乃自刎而死。

---

⑤ 创：伤。

译文

这时项王就想东渡乌江。乌江亭长停船靠在岸边等待项王，对项王说："江东虽小，地方纵横千里，民众有数十万，也足以称王。希望大王赶快渡江。现在唯独我有船，汉军追过来，也没法渡江。"项王笑着说："上天要亡我，我还渡江干什么！况且项籍与江东子弟八千人渡江西进，现在没有一人返回，纵然江东父老怜爱我，让我称王，我又有何脸面去见他们呢？纵然他们不说什么，我项籍心中难道就没有愧吗？"接着项王对亭长说："我知道您是一位长者，我骑这匹马五

年了，所向无敌，曾经日行千里，实在不忍心杀它，把它送给您吧。”于是命令骑兵全部下马步行，拿着短兵器交战。单是项籍一人所杀掉的汉军就有几百人。项王身上也受了十几处伤。项王回头看到汉军的骑司马吕马童，说：“你不是我的老朋友吗？”吕马童与项王打个照面，指给王翳说：“这就是项王。”项王就说：“我听说汉军用黄金千斤，封邑万户来悬赏我的人头，我把这份好处送给你吧。”于是拔剑自刎而死。

贰

世家

太伯奔吴

《吴太伯世家》

吴太伯、太伯弟仲雍，皆周太王之子，而王季历之兄也。季历贤，而有圣子昌[①]，太王欲立季历以及昌，于是太伯、仲雍二人乃奔荆蛮[②]，文身断发，示不可用，以避季历。季历果立，是为王季，而昌为文王。太伯之奔荆蛮，自号句吴。荆蛮义之，从而归之千余家，立为吴太伯。

① 圣子昌：即后来的周文王，周文王名昌。

② 荆蛮：泛指南方蛮夷之地。

译文

吴太伯和他的弟弟仲雍，都是周太王的儿子，季历的哥哥。季历是一个有才德的人，他还有一个具有圣德的儿子叫昌。太王准备立季历为嗣，以便将来能传位给孙子昌。于是太伯和仲雍就逃到南方蛮夷之地，他们割去了长发，在身上刺满花纹，以表示自己不可能被任用，以此避开季历。后来季历果然继位，这就是历史上的王季，他的儿子姬昌就是周文王。太伯逃到南蛮后，自称句吴。南蛮地区的人都颂赞他的让国义举，前来归顺追随他的有一千多户人家，大家拥立他为吴太伯。

齐桓公不用管仲言

《齐太公世家》

管仲病，桓公问曰："群臣谁可相者？"管仲曰："知臣莫如君。"公曰："易牙[1]如何？"对曰："杀子以适君，非人情，不可。"公曰："开方[2]如何？"对曰："倍[3]亲以适君，非人情，难近。"公曰："竖刁[4]如何？"对曰："自宫以适君，非人情，难亲。"管仲死，而桓公不用管仲言，卒近用三子，三子专权。

---

① 易牙：春秋时齐国厨师，齐桓公近臣。

② 开方：春秋时卫国公子，齐国出兵攻卫，卫王派开方带礼物与齐桓公谈判。后开方留在齐国，不曾返回卫国探亲。

③ 倍：同"背"，背弃。

④ 竖刁：春秋时齐国人，齐桓公寺人。

译文

管仲病重后，齐桓公问他："有哪一位大臣可以担任相呢？"管仲说："没有比国君更了解臣子的了。"桓公问："易牙这个人怎么样？"管仲回答："易牙杀掉儿子来迎合国君，这不合人情，不可任用。"桓公问："开方这个人怎么样？"管仲回答："此人抛弃双亲来迎合国君，也不合人情，难以亲近。"桓公最后问："竖刁这个人怎么样？"管仲回答："此人阉割了自己来服侍国君，也不合人情，难以亲信。"管仲死后，齐桓公没有听从管仲的话，最终亲近并重用了易牙、开方和竖刁这三个小人，结果这三人专断了齐国大权。

析①骨而炊

《宋微子世家》

楚以②围宋五月不解，宋城中急，无食，华元乃夜私见楚将子反。子反告庄王。王问："城中何如？"曰："析骨而炊，易③子而食。"庄王曰："诚哉言！我军亦有二日粮。"以信故，遂罢兵去。

---

① 析：分，劈开。
② 以：同"已"。
③ 易：交换。

译文

楚国已经包围宋国长达五个月没有解围，宋国城中形势危急，粮食短缺，华元便在夜间私下出城去见楚国将领子反。子反又报告了楚庄王。楚庄王问华元："城中的情况如何？"华元回答说："城中现在已经劈人骨头当柴烧，互相交换子女用以果腹。"楚庄王说："你说的话是诚实的！我的军队也只剩下两天的粮食了。"基于彼此的诚意，楚国就退兵了。

鉏麑触树

《晋世家》

十四年，灵公壮，侈，厚敛以雕墙[1]。从台上弹人，观其避丸也。宰夫胹[2]熊蹯[3]不熟，灵公怒，杀宰夫[4]，使妇人持其尸出弃之，过朝。赵盾、随会前数谏，不听；已又见死人手，二人前谏。随会先谏，不听。灵公患之，使鉏麑刺赵盾。盾闺门[5]开，居处节[6]，鉏麑退，叹曰："杀忠臣，弃君命，罪一也。"遂触树而死。

---

① 雕墙：装潢宫室。雕，绘画，装饰。
② 胹（ér）：煮，炖。
③ 熊蹯：熊掌。
④ 宰夫：厨师。
⑤ 闺门：内室的门。
⑥ 节：节俭，节制。

译文

十四年，灵公已长大，生活奢侈，大量征收赋税来把宫墙厚重地装饰了一番。他还站在高台上用弹弓弹射行人，观看他们惊慌躲避的样子。厨师没有把熊掌炖烂，灵公就此发怒把厨师杀死，派宫女把他的尸体用车载着从朝廷经过，然后丢弃。赵盾、随会先前多次劝谏，灵公不听；不久他们又看见死人的手，两人上前劝谏。随会先去劝说，灵公不听。灵公害怕赵盾又来劝谏，就派鉏麑去刺杀赵盾。赵盾家中居室的门开着，居处十分简陋，鉏麑退出叹息说："杀死忠臣，违背国君的命令，罪过是一样的。"于是就撞树而死。

不鸣则已，一鸣惊人

《楚世家》

庄王即位三年，不出号令，日夜为乐，令国中曰："有敢谏者死无赦！"伍举入谏。庄王左抱郑姬，右抱越女，坐钟鼓之间。伍举曰："愿有进隐[①]。"曰："有鸟在于阜[②]，三年不飞不鸣，是何鸟也？"庄王曰："三年不飞，飞将冲天；三年不鸣，鸣将惊人。举退矣，吾知之矣。"居数月，淫益甚。大夫苏从乃入谏。王曰："若不闻令乎？"对曰："杀身以明君，臣之愿也。"于是乃罢淫乐，听政，所诛者数百人，所进者数百人，任伍举、苏从以政，国人大说[③]。

---

① 隐：指谜语。
② 阜：土山。
③ 说：同"悦"。

译文

楚庄王登上王位三年了，没有发过任何政令，日夜只知寻欢作乐，还向国内下了一道诏令说："有胆敢进谏的杀无赦！"伍举进宫劝谏。庄王左手抱着郑姬，右手抱着越女，坐在钟鼓乐队中间。伍举说："请允许我向您献一个谜语。"伍举就说："有一只鸟落在土山上，三年不飞也不叫，这是什么鸟？"庄王说："这鸟三年不飞，一飞冲天；三年不叫，一鸣惊人。你回去吧，我知道你什么意思了。"几个月后，庄王的荒淫无耻却放纵得更加厉害了。大夫苏从就进宫劝谏。庄王说："你没有听到我下的诏令吗？"苏从回答："如果杀掉我就能使君王醒悟，这是我的愿望。"于是庄王便停止淫乐，上朝处理国家政事，一下子杀掉几百个罪人，又提拔重用了几百人，任命伍举、苏从参与国家大事，全国人民都很高兴。

兔死狗烹

《越王勾践世家》

范蠡遂去，自齐遗大夫种[1]书曰：“飞鸟尽，良弓藏；狡兔死，走狗烹。越王为人长颈鸟喙[2]，可与共患难，不可与共乐。子何不去？”种见书，称病不朝。人或谗[3]种且[4]作乱，越王乃赐种剑曰：“子教寡人伐吴七术，寡人用其三而败吴，其四在子，子为我从先王试之。”种遂自杀。

---

① 种：文种，春秋时楚国人，曾与范蠡一起辅佐勾践灭掉吴国。
② 鸟喙：鸟嘴，指像鸟嘴的形貌。
③ 谗：进谗言。
④ 且：将要。

译文

范蠡于是离开越国，他从齐国给大夫文种写了封信说：“射完飞鸟以后，就把良弓收起来不用了；狡兔全都猎杀了之后，猎狗也要杀掉吃肉了。越王勾践此人长脖子、鸟嘴，只能与他共患难，不可以与他共享福。你为什么还不离开？”文种看完信，就拿生病当借口不上朝了。有人进谗言说文种将要谋反，越王勾践就赐给文种一把剑说：“你教给我对付吴国的七条计策，我只用了其中三条就把吴国打败了，另外四条还在你手里，你替我去先王那里试用一下。”文种便自杀了。

陶朱公

《越王勾践世家》

范蠡浮海出齐，变姓名，自谓鸱夷子皮，耕于海畔，苦身戮力[①]，父子治产。居无几何，致产数十万。齐人闻其贤，以为相。范蠡喟然叹曰："居家则致千金，居官则至卿相，此布衣之极也。久受尊名，不祥。"乃归相印，尽散其财，以分与知友乡党，而怀其重宝，间行[②]以去，止于陶，以为此天下之中，交易有无之路通，为生可以致富矣。于是自谓陶朱公。复约要父子耕畜，废居，候时转物，逐什一之利。居无何，则致赀[③]累巨万。天下称陶朱公。

---

① 戮力：合力，尽力。
② 间行：偷偷地，从小路走。
③ 赀：财物。

译文

范蠡漂洋过海到了齐国后，改名换姓，自称是鸱夷子皮，在海边耕作，吃苦耐劳，努力生产，父子合力治理产业。没过太长时间，就积累了数十万家产。齐国人听说他能干，就让他做了卿相。范蠡感慨地说："在家靠生产就能积累千金，做官能做到卿相高位，这是一个平民的极限了。长久享受这种尊荣，不是什么好吉兆。"于是他就归还了相印，把全部家产都分散给朋友和乡亲，带上贵重财物，神不知鬼不觉地离开了当地，来到陶居住，他认为此地是天下的中心，是贸易往来的集散地，在这里经营生意可以发财致富。于是范蠡自称陶朱公。又与家人商量好要一起耕田放牧，买进卖出，等候时机转卖货物，以追求十分之一的利润。过了不久，范蠡又发了大财，资产积累到巨万。天下便都传遍了陶朱公的名声。

不到黄泉[1]不相见

《郑世家》

庄公元年，封弟段于京，号太叔。祭仲曰："京大于国，非所以封庶也。"庄公曰："武姜欲之，我弗敢夺也。"段至京，缮治甲兵，与其母武姜谋袭郑。二十二年，段果袭郑，武姜为内应。庄公发兵伐段，段走。伐京，京人畔段，段出走鄢。鄢溃，段出奔共。于是庄公迁其母武姜于城颍，誓言曰："不至

① 黄泉：迷信里指人死后居住的地方。

黄泉，毋相见也。”居岁余，已悔思母。颍谷之考叔[2]有献于公，公赐食。考叔曰：“臣有母，请君食赐臣母。”庄公曰：“我甚思母，恶[3]负盟，奈何？”考叔曰：“穿[4]地至黄泉，则相见矣。”于是遂从之，见母。

② 考叔：春秋时郑国人。

③ 恶：同“毋”，不能。

④ 穿：挖掘。

译文

郑庄公元年，庄公把弟弟叔段封在京城，号称太叔。大夫祭仲说："京城地方比国都还大，不应该封给弟弟。"庄公说："母亲武姜想这样做，我不敢违背她的意志。"叔段到了京城以后，大肆扩张军备，暗中跟他的母亲武姜密谋，想袭击郑庄公。二十二年，叔段果然出兵袭击郑国国都，武姜做了他的内应。庄公立即出兵讨伐叔段，叔段仓皇逃走。庄公乘胜攻打京城，京城人民都背叛了叔段，叔段无奈逃到了鄢邑。不久鄢邑也失守了，叔段只好逃到共国。于是庄公把他母亲武姜迁到城颍，并发誓说："不到黄泉，不再相见。"过了一年多，庄公又后悔了，开始思念母亲。颍谷的长官考叔向庄公献礼，庄公赐给他食物。考叔说："我家中还有老母，请求您把食物赐给我的母亲吧。"庄公说："我也非常想念母亲，可是又不能违背诺言，怎么办呢？"考叔向他提议说："挖一条地道直达有泉水的地方，那就可以相见了。"于是庄公就依计行事，终于又见到了母亲。

夏五吟梅圖

食指大动

《郑世家》

灵公元年春，楚献鼋[1]于灵公。子家、子公将朝[2]灵公，子公之食指动，谓子家曰："他日指动，必食异物。"及入，见灵公进鼋羹，子公笑曰："果然！"灵公问其笑故，具告灵公。灵公召之，独弗予羹。子公怒，染[3]其指，尝之而出。公怒，欲杀子公。子公与子家谋先。夏，弑灵公。

① 鼋(yuán)：鳖类中最大的一种。
② 朝：朝见。
③ 染：这里指蘸。

译文

郑灵公元年春天，楚国进献了一只鼋给郑灵公。郑国大夫子家和子公正准备去朝见灵公，子公的食指头自然动了起来，他就对子家说："从前只要我的食指一动，一定会有奇异珍品可以吃。"等到进了宫，他们看见灵公正在吃鼋羹汤，子公笑着说："果然如此！"灵公问子公因为什么笑，子公把上述情况告诉了灵公。灵公召见诸大夫赐鼋羹汤时，唯独没有赐羹汤给子公。子公十分生气，就自己把手指伸进鼎内蘸了点鼋羹汤，尝了一口就走了。灵公恼怒，就想杀子公。子公与子家合谋，打算先下手为强。这年夏天，他们就杀了郑灵公。

贫贱骄人

《魏世家》

子击逢文侯之师田子方于朝歌，引车避[1]，下谒[2]。田子方不为礼。子击因问曰："富贵者骄人乎？且贫贱者骄人乎？"子方曰："亦贫贱者骄人耳。夫诸侯而骄人则失其国，大夫而骄人则失其家[3]。贫贱者，行不合，言不用，则去之楚、越，若脱躧[4]然，奈何其同之哉！"子击不怿[5]而去。

---

① 引车避：让自己的车子让开正路，以表示对来者的敬意。

② 谒：拜见。

③ 家：这里指封地和爵号。古代天子分封诸侯曰"建国"，诸侯分封大夫曰"建家"。

④ 躧：草鞋。

⑤ 不怿：不高兴。

译文

子击在朝歌碰到了魏文侯的老师田子方，赶紧引车让路，并下车拜见。可田子方却没有以礼相待。子击就问他：“是富贵的人可以傲慢待人呢？还是贫贱的人可以傲慢待人？”田子方回答说：“也就是贫贱的人可以傲慢待人而已。诸侯如果傲慢待人就会失掉他的封地，大夫如果傲慢待人就会失去他的家。至于贫贱的人，如果行为不相合，言论不被采纳，那就离开此地去楚国或越国好了，就好像脱草鞋一样，这两者怎么能相提并论呢！”子击听了之后不高兴地离开了。

孔子学琴

《孔子世家》

孔子学鼓琴师襄子，十日不进。师襄子曰："可以益矣。"孔子曰："丘已习其曲矣，未得其数[①]也。"有间[②]，曰："已习其数，可以益矣。"孔子曰："丘未得其志也。"有间，曰："已习其志，可以益矣。"孔子曰："丘未得其为人也。"有间，有所穆然深思焉，有所怡然高望而远志焉。曰："丘得其为人，黯然而黑，几然而长，眼如望羊[③]，如王四国，非文王其谁能为此也！"师襄子辟席[④]再拜，曰："师盖云《文王操》也。"

---

① 数：节奏。
② 有间：有一会儿，过了些时候。
③ 望羊：同"汪洋"。
④ 辟席：避席，离开座位。

译文

孔子向师襄子学习弹琴，学了十天还在弹同一首曲子。师襄子说："可以学新曲子了。"孔子说："我虽然学会了此曲，但还未能熟练掌握它的节奏技法。"过了些时候，师襄子说："你已熟练掌握它的节奏技法了，可以换新曲子了。"孔子说："我还没有领会乐曲表达的情感意蕴。"又过了些时候，师襄子说："你已领会乐曲表达的情感意蕴了，可以换新曲了。"孔子说："我还没有体会出作曲者是怎样的为人。"再过了些时候，孔子肃穆沉静，深思着什么，接着又心旷神怡，显出志向远大的样子。他说："我体会到作曲者是怎样的人了，黑黑的皮肤，高高的个子，眼如汪洋，胸襟可以包容天下，除了文王，别人没有这样的气质啊！"师襄子赶紧站起来，恭敬地朝孔子拜了拜说："我们老师原来说过，这首曲子叫《文王操》啊。"

叁

列传

不食周粟

《伯夷列传》

伯夷、叔齐，孤竹君[①]之二子也。父欲立叔齐，及父卒，叔齐让伯夷。伯夷曰："父命也。"遂逃去。叔齐亦不肯立而逃之。国人立其中子[②]。于是伯夷、叔齐闻西伯昌[③]善养老，盍往归焉。及至，西伯卒，武王载木主[④]，号为文王，东伐纣。伯夷、叔齐叩马[⑤]而谏曰："父死不葬，爰[⑥]及干戈，可谓孝乎？以臣弑[⑦]君，可谓仁乎？"左右欲兵之。太公曰："此义人也。"

---

① 孤竹君：孤竹国国君。

② 中子：指伯夷之弟，叔齐之兄。

③ 西伯昌：即周文王姬昌，当时是西方诸侯之长，故称西伯。

④ 载木主：用车载着木制的灵牌。当时文王已死，武王载着父亲的灵牌伐纣，以示自己是谨遵父命。木主，灵牌。

⑤ 叩马：拦住马。

⑥ 爰：于是，就。

⑦ 弑：古代臣杀君或子女杀父母称为"弑"。

扶而去之。

武王已平殷乱[8]，天下宗周，而伯夷、叔齐耻之，义不食周粟，隐于首阳山，采薇[9]而食之。及饿且死，作歌。其辞曰："登彼西山兮，采其薇矣。以暴易暴兮，不知其非矣。神农、虞、夏忽焉没兮，我安适归矣？于嗟[10]徂[11]兮，命之衰矣！"遂饿死于首阳山。

---

⑧ 殷乱：指商纣乱政。
⑨ 薇：一种野菜名。
⑩ 于嗟：叹词。于，同"吁"。
⑪ 徂：去。这里指死。

译文

伯夷、叔齐,是孤竹国君的两个儿子。父亲准备让叔齐继位,等到父亲死后,叔齐想让位给伯夷。伯夷说:“这是父亲的遗嘱啊。”便逃走了。叔齐也不愿意即位而逃走了。国人只得拥立老二(伯夷之弟,叔齐之兄)为君。当时伯夷、叔齐听说西伯姬昌广纳贤士,于是就去投奔他。等他们到达时,西伯姬昌已经死了,武王正用车载着姬昌的灵牌,追谥为文王,往东去讨伐殷纣王。伯夷、叔齐就抓住武王的马缰绳劝阻说:“你父亲死了不安葬,就发动战争,这能说是孝吗?做臣子的要去讨伐君主,这能说是仁吗?”武王身边的人要杀他们。太公姜尚说:“这是义士啊。”于是让人把他们搀扶走了。

武王平定殷纣乱政后,天下人都归顺周朝,而伯夷、叔齐却以做周朝臣民为耻,他们决心不吃周朝的粮食,隐居在首阳山,采薇菜充饥。等饿得快死的时候,他们作了一首歌。

歌词写着："登上西山啊，采薇充饥啊。用暴力取代暴力啊，不知道这是错的吗。神农舜禹啊，圣人的时代一去不复返，哪里是我的归路啊？我就要死去了，悲哀啊，我的命运真是悲哀啊！"之后，他们便饿死在首阳山上。

管鲍之交

《管晏列传》

管仲夷吾[①]者，颍上人也。少时常与鲍叔牙游[②]，鲍叔知其贤。管仲贫困，常欺[③]鲍叔，鲍叔终善遇之，不以为言。已而鲍叔事齐公子小白，管仲事公子纠。及小白立，为桓公，公子纠死，管仲囚焉。鲍叔遂进[④]管仲。管仲既用，任政于齐，齐桓公以霸，九合诸侯，一匡天下，管仲之谋也。

管仲曰："吾始困时，尝与鲍叔贾[⑤]，分财利多自与，鲍叔

---

① 管仲夷吾：管仲字仲，名夷吾。

② 游：有交往。

③ 欺：指多占便宜。

④ 进：举荐。

⑤ 贾：做买卖。

不以我为贪，知我贫也。吾尝为鲍叔谋事而更穷困，鲍叔不以我为愚，知时有利不利也。吾尝三仕三见逐于君，鲍叔不以我为不肖⑥，知我不遭时也。吾尝三战三走，鲍叔不以我为怯，知我有老母也。公子纠败，召忽死之，吾幽囚受辱，鲍叔不以我为无耻，知我不羞小节而耻功名不显于天下也。生我者父母，知我者鲍子也。”

---

⑥ 不肖：不才，没有出息。

译文

管仲名夷吾，是颍上人。他年少时常与鲍叔牙交往密切，鲍叔牙知道他很贤能。管仲因为贫困，经常占鲍叔牙的便宜，但鲍叔牙一直待他友善，从没有一点怨言。后来鲍叔牙追随齐公子小白，管仲追随齐公子纠。等公子小白即位，为齐桓公，公子纠死了，管仲成了阶下囚。鲍叔牙便向齐桓公推荐管仲。管仲受到重用，在齐国执政，齐桓公得以称霸天下，并多次以霸主的身份，召集诸侯会盟，一统天下，这都是靠的管仲的谋略。

管仲说："我当初贫穷困乏时，曾与鲍叔牙合伙做买卖，分利润时自己总是多拿一点，鲍叔牙没有因此认定我贪财，他知道我是因为贫困。我曾经替鲍叔牙谋事，反而使事情更加难办，但鲍叔牙并不认为是我愚笨，他知道跟时机有利或不利有关。我曾经几次出仕，几次遭罢免，鲍叔牙并不认为是我无才，他知道是我的时运还没到。我曾经几次参加战斗，几次逃走，鲍叔牙不认为我胆小，他知道我是因为家中还有老母亲。公子纠失败，召忽也因此自杀，我被囚禁受辱，鲍叔牙不认为我没有廉耻，他知道我不会因小节而羞，而会因功名未成而大耻。生我的人是父母，但真正了解我的人是鲍叔牙啊。”

意气扬扬

《管晏列传》

晏子为齐相，出，其御[①]之妻从门间而窥[②]其夫。其夫为相御，拥大盖，策[③]驷马，意气扬扬，甚自得也。既而归，其妻请去[④]。夫问其故。妻曰："晏子长不满六尺，身相齐国，名显诸侯。今者妾观其出，志念深矣，常有以自下[⑤]者。今子长八尺[⑥]，乃为人仆御，然子之意自以为足，妾是以求去也。"其后夫自抑损[⑦]。晏子怪而问之，御以实对。晏子荐以为大夫。

---

① 御：指车夫。

② 窥：暗中偷看。

③ 策：驱赶，驾驭。

④ 去：离开。

⑤ 自下：自卑，自谦。

⑥ 尺：秦时一尺约合现今的23厘米。

⑦ 抑损：谦逊，退让。

译文

晏子做了齐相，一次外出时，他车夫的妻子从门缝中偷看自己的丈夫。她看到自己的丈夫替国相赶车，头上遮盖着大伞，挥动鞭子赶着拉车的四匹大马，意气扬扬，看上去十分得意。车夫赶完车子回到家中，他的妻子请求离他而去。丈夫问其原因。妻子说："晏子身高还不满六尺，却做了齐国宰相，扬名于诸侯。今天我看他外出时，面色沉重，志向深远，透出谦逊的样子。现在你身高八尺，不过是替人赶车，却露出一副非常自满得意的样子，因此我要离你而去。"从这以后，车夫的态度谦虚谨慎起来。晏子感到奇怪，便问车夫为何如此，车夫就如实相告。晏子便推荐车夫做了齐国的大夫。

仓廪实而知礼节，衣食足而知荣辱

《管晏列传》

管仲既任政相齐，以区区[1]之齐在海滨，通货积财，富国强兵，与俗同好恶。故其称曰："仓廪实而知礼节，衣食足而知荣辱，上服度[2]则六亲[3]固。四维[4]不张，国乃灭亡。下令如流水之原，令顺民心。"故论卑而易行。俗之所欲，因而予之；俗之所否，因而去之。

---

① 区区：微小的样子。

② 度：合乎礼法。

③ 六亲：指父、母、兄、弟、妻、子。

④ 四维：指礼、义、廉、耻。

译文

管仲出任齐国的相后，仅凭借齐国这小小一块地处海滨的国土，流通货物，积累钱财，最后国富兵强，与人民同好恶。所以他说："仓库储备充实了人们才会懂礼节，能吃饱穿暖了人们才能分辨荣辱，在上位的人能够遵守法度，他的亲族们才能靠紧他，政权才能稳固。不提倡礼、义、廉、耻，国家就要灭亡。政府的各种法令要像有源头的水，要符合人民的心愿。"因此管仲的理论虽然看起来不高深，推行起来却很容易。民众需要的，就予以兴办；民众反对的，就替他们废除。

司马穰苴[1]执法

《司马穰苴列传》

穰苴既辞，与庄贾约曰：“旦日日中会于军门。”穰苴先驰至军，立表下漏[2]待贾。

贾素骄贵，以为将己之军而己为监，不甚急；亲戚左右送之，留饮。日中而贾不至。穰苴则仆表决漏[3]，入，行军勒兵[4]，申明约束[5]。约束既定，夕时，庄贾乃至。穰苴曰：“何后期为？”贾谢曰：“不佞[6]大夫亲戚送之，故留。”穰苴曰：“将受命之日则忘其家，临军约束则忘其亲，援枹鼓[7]之急则忘其

---

① 司马穰苴：即田穰苴，司马是他的官名。司马迁用官称“司马穰苴”命篇，表达了对这位古代名将的崇敬。

② 立表下漏：古代计时的一种方法。

③ 仆表决漏：推倒标杆，倒掉漏水，意为收起计时工具。

④ 行军勒兵：指操练军队。

⑤ 约束：章程，纪律。

⑥ 不佞：不才，我。自谦之词。

⑦ 援枹鼓：指擂鼓进军。

身。今敌国深侵，邦内骚动，士卒暴露于境，君寝不安席，食不甘味，百姓之命皆悬于君，何谓相送乎！”召军正[8]问曰：“军法期而后至者云何？”对曰：“当斩。”庄贾惧，使人驰报景公，请救。既往，未及反，于是遂斩庄贾以徇三军。三军之士皆振栗[9]。

久之，景公遣使者持节赦贾，驰入军中。穰苴曰：“将在军，君令有所不受。”问军正曰：“驰三军法何？”正曰：“当斩。”使者大惧。穰苴曰：“君之使不可杀之。”乃斩其仆，车之左驸，马之左骖，以徇三军。遣使者还报，然后行。

---

⑧ 军正：军中执法官。

⑨ 振栗：惊恐，战栗。

译文

田穰苴向景公告辞，与庄贾约定阅兵的时间说："明天中午在军营门前相会。"第二天田穰苴先赶到军营中，设置了测日影的标杆和计时间的漏壶，等待庄贾。

庄贾一向以显贵而骄横，认为穰苴所率士卒本就是他的军队，而他自己又是君王委派的监军，对如约赴军之事并不着急在意；亲戚朋友为他送行，留他宴饮。到了中午时分他还没有到达军营。田穰苴便放倒测影标杆，撤掉计时漏壶，然后进入军营，检阅队伍，操练军队，宣布军纪。等各种规章约束都宣布完毕，到了傍晚，庄贾才赶到。田穰苴问："为什么迟到？"庄贾歉疚地说："不才受大臣和亲戚们盛情饯行，故留饮耽搁了些时间。"田穰苴说："将帅在接受任命的那天起就应该忘掉小家，到军中宣布军纪后就要忘掉亲人，在战鼓敲响冲锋陷阵时就要不顾个人安危。如今敌国深入国境，国内民心不安，战士日夜在边境风餐露宿，君王也睡不安稳，吃不下饭，全国百姓的生命都维系在你身上，你还在乎什么送行呢！”田穰苴便叫来军法官问：“按军法，不守约定时间而迟到的人该怎么治罪？”军法官说：“应当斩首。”庄贾害怕了，派人飞马去报齐景公，请求救命。庄贾派的人去了，还没来得及回来时，田穰苴就杀了庄贾在全军示众。全军将士都震惊了。

又过了很久，齐景公派出的使者带着符节赶来赦免庄贾，径直冲进军营。田穰苴说：“将军在军中执行军务，君王的命令可以不接受。”他又问军法官：“骑马在军营中奔驰，按军法应该怎样治罪？”军法官说：“应当斩首。”使者非常害怕。田穰苴说：“国君的使者不能杀。”于是依法斩杀了使者的随从，砍断车厢左边的木柱，杀了左边驾车的那匹马，向整个军队示众。田穰苴让使者将这些都报以齐景公，随后全军出发。

孙膑智斗庞涓

《孙子吴起列传》

孙子度[①]其行，暮当至马陵。马陵道陕[②]，而旁多阻隘，可伏兵，乃斫[③]大树白而书之曰“庞涓死于此树之下”。于是令齐军善射者万弩，夹道而伏，期[④]曰“暮见火举而俱发”。庞涓果夜至斫木下，见白书，乃钻火烛[⑤]之。读其书未毕，齐军万弩俱发，魏军大乱相失。庞涓自知智穷兵败，乃自刭[⑥]，曰：“遂成竖子之名！”齐因乘胜尽破其军，虏魏太子申以归。孙膑以此名显天下，世传其兵法。

---

① 度：估计，估量。
② 陕：同“狭”。
③ 斫：砍削。
④ 期：约定。
⑤ 烛：照。
⑥ 自刭：割颈自杀。

译文

孙膑估算以庞涓的行军速度，天黑时可以到达马陵。马陵的道路狭窄，而两旁地势险要，可设兵埋伏，孙膑就派人削去一棵大树的树皮，露出里面白色的树干，在上面写“庞涓死于此树之下”。于是孙膑命令齐军中善于射箭的一万人，埋伏在道路两旁，与他们约定说“晚上见树下有人点火，就一起射箭”。庞涓果然在夜里赶到那棵被刮去树皮的大树之下，看到白白的树干上写了一行字，就打着火把靠近照看。还没等庞涓把字读完，齐军万箭齐发，魏军溃乱一团。庞涓自知计穷兵败，就拔剑自刎，临死前说：“最终竟成全了这小子的名声！”齐军乘胜追击大破魏军，俘虏了魏国太子申，带其回国。孙膑由此扬名天下，此后他的兵法世代相传。

田忌赛马

《孙子吴起列传》

忌数[①]与齐诸公子驰逐重射[②]。孙子见其马足[③]不甚相远，马有上、中、下辈[④]。于是孙子谓田忌曰："君弟[⑤]重射，臣能令君胜。"田忌信然之，与王及诸公子逐射千金。及临质[⑥]，孙子曰："今以君之下驷[⑦]与彼上驷，取君上驷与彼中驷，取君中驷与彼下驷。"既驰三辈毕，而田忌一不胜而再[⑧]胜，卒得王千金。于是忌进[⑨]孙子于威王。威王问兵法，遂以为师。

---

① 数：多次，屡次。

② 驰逐重射：赛马打赌。

③ 足：脚力。

④ 辈：等级。

⑤ 弟：只管，尽管。

⑥ 临质：临场赌赛。

⑦ 下驷：下等马。

⑧ 再：两次。

⑨ 进：推荐。

译文

田忌屡次同齐国公子们赛马打赌。孙子看到那些马的脚力差不了多少，马一般分为上、中、下三等。于是孙子对田忌说："您只管下最大的赌注，我一定能使您获胜。"田忌相信了他的话，跟齐威王和公子们下了千金的赌注赛马。到比赛开始时，孙子说："现在先用您的下等马同他们的上等马比，然后用您的上等马同他们的中等马比，用您的中等马同他们的下等马比。"三个等级的马比赛完毕，田忌输一场赢两场，终于拿到了齐王的千金赌注。这样田忌又把孙子推荐给齐威王。齐威王向他请教兵法，又尊他为军师。

三令五申

《孙子吴起列传》

孙子武者，齐人也。以兵法见于吴王阖闾。阖闾曰：“子之十三篇①，吾尽观之矣，可以小试勒兵②乎？”对曰：“可。”阖闾曰：“可试以妇人乎？”曰：“可。”于是许③之，出宫中美女，得百八十人。孙子分为二队，以王之宠姬二人各为队长，皆令持戟④。令之曰：“汝知而⑤心与左右手背乎？”妇人曰：“知之。”孙子曰：“前，则视心；左，视左手；右，视右手；后，即视背。”妇人曰：“诺。”约束⑥既布，乃设铁钺⑦，即三令五申之。

---

① 十三篇：指十三篇兵法。

② 勒兵：训练军队。

③ 许：同意。

④ 戟：一种兵器。

⑤ 而：同“尔”，你。

⑥ 约束：纪律，规则。

⑦ 铁钺：两种刑具。

于是鼓之右，妇人大笑。孙子曰："约束不明，申令不熟，将之罪也。"复三令五申而鼓之左，妇人复大笑。孙子曰："约束不明，申令不熟，将之罪也；既已明而不如[8]法者，吏士之罪也。"乃欲斩左右队长。

吴王从台上观，见且斩爱姬，大骇。趣[9]使使下令曰："寡人已知将军能用兵矣。寡人非此二姬，食不甘味，愿勿斩也。"孙子曰："臣既已受命为将，将在军，君命有所不受。"遂斩队长二人以徇[10]。用其次为队长，于是复鼓之。妇人左右前后跪起皆中规矩绳墨，无敢出声。

---

⑧ 如：执行。

⑨ 趣：同"趋"，急忙。

⑩ 徇：示众。

译文

孙子名武，是齐国人。他因擅长兵法而受到吴王阖闾召见。阖闾说："你的十三篇兵法，我全都读过了，能试试用来训练军队吗？"孙武回答说："可以。"阖闾说："用妇人试可以吗？"孙武说："行。"于是阖庐传旨，叫出宫中美女，共有一百八十人。孙武将她们分为两队，任命吴王的两个宠姬为队长，命令她们都拿好戟。孙武向她们施令说："你们明白自己的心、左右手和后背的位置吗？"众女回答："知道。"孙武说："我发令向前，就是朝心所对的方向；向左，就是看左手的方向；向右，就是看右手的方向；向后，就是看自己后背的方向。"众女回答："明白了。"孙武把规则宣示完毕，然后将斫刀和大斧摆好，重申了各项规则。

孙武便击鼓为号，发出向右的口令，妇人们大笑。孙武说："没向你们说明白规则，你们还没记熟军令，这是将军的责任。"孙武又把操练事项、规定动作及军令讲解了好几次，之后再次击鼓发出向左的命令，妇人们又大笑起来。孙武说：“一开始没说明白规则，没记熟军令，这是将军的责任；但规则军令都已交代得一清二楚，兵士明白仍不按规定执行，这便是长官的过错。”于是孙武就要把两个队长拉去斩首。

吴王在阅兵台上观看，看到孙武要杀两个爱姬，大惊失色。吴王急忙派人传令说：“我已明白将军善用兵了。我要是失去这两个侍妾，将寝食难安，希望将军刀下留人。”孙武说：“臣已经受命为将军，将军在军队行事，君王的命令可以不接受。”于是孙武杀了两个队长示众。孙武依照次序另选了二人做队长，这时重新击鼓发号施令。两队妇人无论向左向右向前向后转，或跪或起，动作完全符合要求，再没人敢吭一声。

吴起为将

《孙子吴起列传》

起之为将，与士卒最下者同衣食。卧不设席，行不骑乘[1]，亲裹赢[2]粮，与士卒分劳苦。卒有病疽者，起为吮之。卒母闻而哭之。人曰："子卒也，而将军自吮其疽，何哭为？"母曰："非然也。往年吴公吮其父，其父战不旋踵[3]，遂死于敌。吴公今又吮其子，妾不知其死所矣。是以哭之。"

文侯以吴起善用兵，廉平，尽能得士心，乃以为西河守，以拒秦、韩。

---

① 骑乘：骑马乘车。

② 赢：背负。

③ 不旋踵：不回身，意为一直向前。踵，脚跟。

译文

吴起担任将帅时，他与士兵中最下一级的饮食和服饰标准一样。吴起晚上睡觉时不铺设垫褥，行军时不骑马乘车，亲自背粮，与士兵同甘共苦。士兵中有一人长了脓疮，吴起用嘴吮吸疮帮他排脓。这个士兵的母亲听说后而痛哭。有人说："你儿子只是一个士兵，而将军亲自为他吸疮排脓，你怎么还哭呢？"那位母亲说："事情不是这样的。过去吴将军曾为他的父亲吸吮脓疮，他父亲作战英勇，从未后缩，后来死在了敌人手里。如今吴将军又吸吮儿子的脓疮，我不知他将来会死在什么地方。因此我才忍不住哭起来。"

魏文侯认为吴起善于用兵，廉洁公平，能取得全军拥戴，便任他为西河地区的守将，以抵抗秦国和韩国。

围魏救赵

《孙子吴起列传》

魏伐赵，赵急，请救于齐。齐威王欲将孙膑，膑辞谢曰："刑余之人不可。"于是乃以田忌为将，而孙子为师[①]，居辎车[②]中，坐为计谋。田忌欲引兵之赵，孙子曰："夫解杂乱纷纠者不控拳[③]，救斗[④]者不搏撠，批亢捣虚[⑤]，形格势禁，则自为解耳。今梁赵相攻，轻兵锐卒必竭于外，老弱罢于内。君不若引兵疾走大梁，据其街路[⑥]，冲其方虚，彼必释赵而自救。是我一举解赵之围而收弊于魏也。"田忌从之，魏果去邯郸，与齐战于桂陵，大破梁军。

---

① 师：军师。

② 辎车：有篷盖的车。

③ 控拳：用拳相击，指乱砸。

④ 救斗：解劝斗殴。

⑤ 批亢捣虚：即避实就虚。

⑥ 街路：交通要道。

译文

魏国攻打赵国时，赵国形势危急，向齐国求救。齐威王打算任孙膑为将，孙膑婉言谢绝说："我受过刑，身体残疾的人不能做将军。"于是齐威王就命田忌为大将，让孙膑为军师，坐在篷车里，随军出谋划策。田忌打算直接领兵去赵国解围，孙膑说："想解开乱丝的人，就不能靠拳头的蛮力生拉硬扯；想解救斗殴的人，也不能卷进去胡乱搏击。要避实击虚，就要扼住争斗者的要害，争斗者因形势限制，到时候自然就会主动解围。如今魏国攻打赵国，魏国的精锐部队一定都调到前线拼命战斗，国内只剩下老弱残兵。你不如带领军队迅速向魏国都城大梁挺进，控制交通要道，攻击它的空虚之处，那在外作战的魏兵必然舍弃围攻赵国而回头自救。这样，我军一举两得，既解了赵国之围，又以逸待劳挫败魏军。"田忌听从了孙膑的建议，魏国军队果然离开了邯郸，与齐国军队在桂陵交战，齐军大败魏军。

颜回不迁怒不贰过

《仲尼弟子列传》

回年二十九，发尽白，早死。孔子哭之恸[1]，曰："自吾有回，门人益[2]亲。"鲁哀公问："弟子孰为好学？"孔子对曰："有颜回者好学，不迁怒，不贰过。不幸短命死矣，今也则亡[3]。"

---

① 恸(tòng)：极为哀痛。

② 益：更加。

③ 亡：同"无"。

译文

颜回二十九岁时，头发就全白了，英年早逝。孔子声泪俱下哭得很伤心，说：“自从我有了颜回，学生们都更加亲近我了。”鲁哀公问：“你的学生中哪个最好学？”孔子回答说：“有一个叫颜回的人最好学，从不把怒气发泄给不相干的人，不犯同样的过失。不幸短命去世了，现今再没有这样的人了。”

孔子耻宰我

《仲尼弟子列传》

宰予字子我。利口辩辞。既受业，问："三年之丧[1]不已久乎？君子三年不为礼，礼必坏；三年不为乐，乐必崩。旧谷既没，新谷既升，钻燧改火，期可已矣。"子曰："于汝安乎？"曰："安。""汝安则为之。君子居丧，食旨[2]不甘，闻乐不乐，故弗为也。"宰我出，子曰："予之不仁也！子生三年然后免于父母之怀。夫三年之丧，天下之通义也。"

---

① 三年之丧：指子女为父母或臣子为君主所服的丧期，在此期间须不婚娶、不听乐，不办筵席等。

② 旨：肥美甘甜的东西。

宰予昼寝。子曰："朽木不可雕也，粪土之墙不可圬[3]也。"

宰我问五帝之德，子曰："予非其人也。"

宰我为临淄大夫，与田常作乱，以夷其族，孔子耻之。

---

③ 圬：以泥抹墙。

译文

宰予字子我。他口齿伶俐，能言善辩。宰予拜在孔子门下以后，问："三年的丧礼不是太久了吗？君子三年不学习礼仪，礼仪一定败坏；三年不演奏音乐，音乐一定荒废。陈谷子已经吃完，新谷子又成熟了，取火用的木头也已经更换，服丧一年也就够了。"孔子说："一年的话，你心安吗？"宰予说："心安。"孔子说："你既然心安，那就这样做。君子服丧三年，是因为吃了美味也不觉甘甜，听了音乐也感觉不到快乐，因此才不这样做。"宰予离开后，孔子说："宰予

不是一个有仁德的人！儿女生下来三年后才能脱离父母怀抱。为父母守丧三年，是天经地义的礼仪啊。”

宰予白天睡懒觉。孔子说：“朽木是没法雕成器物的，粪土一样的墙壁是不能粉刷的。”

宰我问五帝的德行，孔子说：“你宰我不是问这样问题的人。”

宰我做了临淄大夫，参与田常争权作乱，最后惨遭灭族，孔子深以为耻。

以貌取人

《仲尼弟子列传》

澹台灭明，武城人，字子羽。少孔子三十九岁。状貌甚恶①。欲事孔子，孔子以为材薄。既已受业，退而修行，行不由径，非公事不见卿大夫。

南游至江，从弟子三百人，设取予去就，名施②乎诸侯。孔子闻之，曰："吾以言取人，失之宰予；以貌取人，失之子羽。"

① 恶：丑陋。

② 施：延续，传播。

译文

澹台灭明，武城人，字子羽。他比孔子小三十九岁。他的相貌丑陋。澹台灭明想要侍奉孔子，孔子认为他资质低下。从师学习以后，澹台灭明回去就致力于修身实践，修养德行，从不走歪门邪道，除了公事，绝不去晋见卿大夫。

澹台灭明南下游历到长江，追随他的学生有三百人，他制订了一个关于取舍与出仕的准则，名声传遍了四方诸侯。孔子听说后，说：“我只凭言辞能力判断，对宰予的判断就错了；单从相貌上判断，对子羽的判断也错了。”

商鞅立木建信

《商君列传》

令①既具，未布，恐民之不信，已乃立三丈之木于国都市南门，募民有能徙置北门者予十金。民怪之，莫敢徙。复曰“能徙者予五十金”。有一人徙之，辄②予五十金，以明不欺。卒③下令。

---

① 令：指变法的条令。

② 辄：就，立即。

③ 卒：才，最终。

译文

商鞅变法的新法规已经制定完毕，还没有颁布，商鞅担心老百姓不相信，就命人在国都市场的南门立了一根三丈高的木头，招募能把它搬到北门的人，赏十金。百姓对此感到奇怪，没有人敢去搬动。商鞅又下命令说“能够搬动的人，赏五十金”。有一个人真把木头搬到了北门，商鞅立即赏了他五十金，他用这个办法表明新法令不会欺骗百姓。这才公布了新法。

商鞅事魏

《商君列传》

鞅少好刑名之学[①]，事魏相公叔座为中庶子。公叔座知其贤，未及进[②]。会座病，魏惠王亲往问病，曰："公叔病有如不可讳[③]，将奈社稷何？"公叔曰："座之中庶子公孙鞅[④]，年虽少，有奇才，愿王举国而听之。"王嘿然[⑤]。王且去，座屏人[⑥]言曰："王即[⑦]不听用鞅，必杀之，无令出境。"王许诺而去。

---

① 刑名之学：即法家学说。
② 进：推荐。
③ 不可讳：不能直接说明的话，即"死"。
④ 公孙鞅：商鞅本姓公孙，入秦国后因有功，封商十五邑，号商君，称为商鞅。
⑤ 嘿然：沉默不言的样子。
⑥ 屏人：遣走左右的人。
⑦ 即：假如。

公叔座召鞅谢曰："今者王问可以为相者，我言若[8]，王色不许我。我方先君后臣，因谓王即弗用鞅，当杀之。王许我。汝可疾去矣，且见禽[9]。"鞅曰："彼王不能用君之言任臣，又安能用君之言杀臣乎？"卒不去。惠王既去，而谓左右曰："公叔病甚，悲乎，欲令寡人以国听公孙鞅也，岂不悖哉！"

---

⑧ 若：你。

⑨ 禽：同"擒"。

译文

公孙鞅年少时喜欢法家学说，侍奉魏相国公叔座，做他的家臣中庶子。公叔座知道公孙鞅贤能，还没有来得及向魏王推荐。适逢公叔座生了重病，魏惠王亲自来探视病情，说："你的病若有个三长两短，国家将怎么办？"公叔座说："我的中庶子公孙鞅，虽然年轻，却有奇才，希望大王把国家政务委托给他。"魏惠王听后沉默不语。魏惠王将要离去时，公叔座屏退左右，单独对魏惠王说："大王如果不任用公孙鞅，就一定要杀死他，不要让他离开魏国。"魏惠王答应他后就走了。

公叔座召见公孙鞅，向他致歉："刚才大王来，问谁可以担任国相，我推荐了你，看大王的样子是不认可我的建议的。我当然是先忠于君而后考虑臣的立场，因此又对大王说，如果不用公孙鞅，就应杀死他。大王答应了我。所以你要赶快离开，否则就要被擒。"公孙鞅说："大王既然不听你的推荐任用我，又怎能听你的话杀掉我？"最终没有离去。魏惠王离开之后，对身边的人说："公叔座病得太重了，真让人伤心，他让我把国家政务交给公孙鞅，这难道不是糊涂了吗！"

一狐之腋

《商君列传》

赵良曰："千羊之皮，不如一狐之掖[①]；千人之诺诺[②]，不如一士之谔谔[③]。武王谔谔以昌，殷纣墨墨[④]以亡。君若不非武王乎，则仆请终日正言而无诛，可乎？"商君曰："语有之矣，貌言华也，至言实也，苦言药也，甘言疾也。夫子果肯终日正言，鞅之药也。鞅将事子，子又何辞焉！"

---

① 掖：同"腋"。

② 诺诺：连连答应的声音，表示顺从。

③ 谔谔：直言不讳的样子。

④ 墨墨：同"默默"，无声无息。

译文

赵良说："一千张羊皮，比不上一块狐腋珍贵；一千个随声附和的人，也抵不上一个直言劝谏的人。周武王听得进大臣们直言劝谏，国家就兴旺昌盛，殷纣王整治得群臣都默默不敢言，国家因而遭到灭亡。你如果不否定周武王的做法，那么请允许我整天正直发言而不受惩罚，可以吗？"商君说："俗话说，嘴上动听的话像花朵，内心真诚的话如同果实，忠言逆耳是治病的良药，甜言蜜语是害人的疾病。先生如果整天说正直的话，那先生就是治我疾病的良药。我将拜你为师，你为什么又推辞呢！"

苏秦苦读

《苏秦列传》

苏秦者，东周洛阳人也。东事师于齐，而习之于鬼谷先生[1]。

出游[2]数岁，大困而归。兄弟嫂妹妻妾窃皆笑之，曰："周人之俗，治产业，力工商，逐什二以为务。今子释[3]本而事口舌，困，不亦宜乎！"苏秦闻之而惭，自伤，乃闭室不出，出其书遍观之。曰："夫士业已屈首受书，而不能以取尊荣，虽多亦奚以为！"于是得周书《阴符》，伏而读之。期年[4]，以出揣摩，曰："此可以说当世之君矣。"

---

① 鬼谷先生：相传为战国隐士，居于鬼谷，于是以地名相称。

② 游：从事游说活动。

③ 释：丢弃。

④ 期年：一年。

译文

苏秦是东周洛阳人。他曾向东到齐国去拜师求学，在鬼谷子门下学习。

苏秦在外游历多年，穷困潦倒，狼狈地返回家乡。他的兄弟、嫂子、妹妹、妻妾都偷偷地嘲笑他，说：“按照东周人的习俗，人们都把经营产业、从事工商业，以便取得十分之二的盈利视为正业。你现在丢弃本业，而以游说耍嘴皮子为职业，穷困潦倒，不也是应该的吗！”苏秦听后十分惭愧，暗自伤心，于是他闭门不出，拿出自己所有的藏书刻苦研读了个遍。他说：“读书人埋头读书，却不能因此而取得荣耀，读得再多又有什么用呢！”这时苏秦得到了周代的书《阴符》，伏案钻研。一年后，他彻底悟出了《阴符》中与国君相合的道理，说：“仗着这些足以去游说当代各位诸侯了。”

两败俱伤

《张仪列传》

惠王曰："善。今韩、魏相攻，期年不解，或谓寡人救[1]之便，或曰勿救便，寡人不能决，愿子为子主计之余，为寡人计之。"陈轸对曰："亦尝有以夫卞庄子刺虎闻于王者乎？庄子欲刺虎，馆竖子[2]止之，曰：'两虎方且[3]食牛，食甘必争，争则必斗，斗则大者伤，小者死，从[4]伤而刺之，一举必有双虎之名。'卞庄子以为[5]然，立须[6]之。有顷[7]，两虎果斗，大者伤，

① 救：止。
② 竖子：用人，童仆。
③ 且：将。
④ 从：向，对准。
⑤ 以为：认为。
⑥ 须：等待。
⑦ 有顷：一会儿。

小者死。庄子从伤者而刺之，一举果有双虎之功。今韩、魏相攻，期年不解，是必大国伤，小国亡，从伤而伐之，一举必有两实。此犹庄子刺虎之类也。臣主与王何异也。”惠王曰：“善。”卒弗救。

译文

秦惠王说：“好。如今韩、魏两国交战一年多了不肯和解，有人说我去制止对秦国有利，有的说不制止对秦国有利，我一时难以决断，请你在为你的国君出谋划策之余，替我出个主意。”陈轸答道：“有没有人给大王讲过卞庄子刺虎的故事呢？卞庄子想去刺杀老虎，旅舍的小伙计制止他说：‘两虎正要吃牛肉，等它们吃出滋味的时候两虎必将相争，相争必相斗，一旦打起来，那么一定会大虎受伤，小虎死亡，这个时候去刺杀受伤的虎，一下子得到刺死双虎之名。’卞庄子认为伙计说得有道理，便站在一旁等待。过了一会儿，果然两虎相斗，大虎受伤，小虎死去。卡庄子向伤虎刺去，果然获得了一举刺杀双虎的功劳。如今韩、魏两国交战，一年多了也不和解，最后势必大国损伤，小国灭亡，乘大国受伤之时讨伐，一举可以击败两国。这就好像卞庄子刺虎一样。我的主人楚王和大王都可等待韩魏相攻后获利。”秦惠王说：“对。”最终没有去制止两国相争。

鸡鸣狗盗

《孟尝君列传》

昭王即以孟尝君为秦相。人或说秦昭王曰："孟尝君贤，而又齐族也，今相秦，必先齐而后秦，秦其危矣。"于是秦昭王乃止。囚孟尝君，谋欲杀之。

孟尝君使人抵[1]昭王幸姬求解。幸姬曰："妾愿得君狐白裘。"此时孟尝君有一狐白裘，直[2]千金，天下无双，入秦献之昭王，更无他裘。孟尝君患之，遍问客，莫能对。最下坐有能为狗盗者，曰："臣能得狐白裘。"乃夜为狗，以入秦宫藏[3]中，取所献狐白裘至，以献秦王幸姬。幸姬为言昭王，昭王释孟尝君。

---

① 抵：到，向。

② 直：同"值"。

③ 宫藏：宫廷仓库。

孟尝君得出，即驰去，更封传[4]，变名姓以出关。夜半至函谷关。秦昭王后悔出孟尝君，求之已去，即使人驰传[5]逐之。孟尝君至关，关法鸡鸣而出客，孟尝君恐追至，客之居下坐者[6]有能为鸡鸣，而鸡尽鸣，遂发传出。出如食顷，秦追果至关，已后孟尝君出，乃还。始孟尝君列此二人于宾客，宾客尽羞之，及孟尝君有秦难，卒此二人拔之。自是之后，客皆服。

---

④ 封传：即通行证，又名驿券。
⑤ 传(zhuàn)：驿车。
⑥ 居下坐者：指地位不高的人。

译文

秦昭王让孟尝君任秦相。群臣中有人对秦昭王劝道："孟尝君的确是贤能之才，又是齐国王族，如今若任为秦相，必然会先为齐国做打算，然后才考虑秦国的利益，那秦国可就危险了。"于是秦昭王放弃了任孟尝君为秦相。他还将孟尝君囚禁起来，预谋将他杀掉。

孟尝君派人去找秦昭王的宠姬求解救办法。宠姬说："我想得到孟尝君的白狐皮袍。"当时，孟尝君本有一件白狐皮袍，价值千金，天下无双，到秦国后就献给了昭王，再没有第二件白狐皮袍了。孟尝君很忧虑，他问遍了手下门客，谁也想不出好办法。末席坐着一个会披狗皮偷东西的门客，他说："我能拿到白狐皮袍。"于是这个门客当夜乔装成狗，进入秦宫仓库，将孟尝君献给昭王的白狐皮袍偷了回来，献给了昭王的宠姬。宠姬在昭王面前替孟尝君说情，秦昭王就下令释放了孟尝君。

孟尝君获释后，马上就急驰逃离，变更了驿券，更改了姓名偷偷出关。他半夜到了函谷关处。秦昭王后悔放走了孟尝君，去找时发现孟尝君已经逃走了，便立刻派人乘驿车追赶。孟尝君到了函谷关，函谷关的规定是鸡叫后才开关放来往者通行，孟尝君担心追兵赶到，而他的下座门客中有个会学鸡叫的人，他一学鸡叫，周围的鸡都叫起来了，于是出示证件开关放行。孟尝君出关后约莫过了一顿饭的时间，秦国的追兵赶到了函谷关，但已经落在了孟尝君出关之后，便回去了。起初，孟尝君将这两个鸡鸣狗盗之人列于门客之中时，其他人都羞与其为伍，等到孟尝君在秦国有难，却靠此二人拯救。此后，宾客们都佩服孟尝君有知人之才。

睚眦必报

《范雎蔡泽列传》

范雎既相，王稽谓范雎曰："事有不可知者三，有不可奈何者亦三。宫车一日晏驾[①]，是事之不可知者一也。君卒然捐馆舍[②]，是事之不可知者二也。使[③]臣卒然填沟壑[④]，是事之不可知者三也。宫车一日晏驾，君虽恨[⑤]于臣，无可奈何。君卒然捐馆舍，君虽恨于臣，亦无可奈何。使臣卒然填沟壑，君虽恨于臣，亦无可奈何。"范雎不怿[⑥]，乃入言于王曰："非

---

① 晏驾：不能按时乘车出来，指死亡。
② 捐馆舍：抛下馆舍而去，指达官贵人的死亡。
③ 使：假使，假如。
④ 填沟壑：死后无人埋葬，只能扔在沟里，指贫贱之人的死亡，这里谦指自己。
⑤ 恨：遗憾。
⑥ 不怿：不高兴。

王稽之忠，莫能内臣于函谷关；非大王之贤圣，莫能贵臣。今臣官至于相，爵在列侯，王稽之官尚止于谒者，非其内臣之意也。”昭王召王稽，拜为河东守，三岁不上计。又任[7]郑安平，昭王以为将军。范雎于是散家财物，尽以报所尝困厄者。一饭之德必偿，睚眦之怨必报。

⑦ 任：举荐，担保。

译文

范雎已经担任了秦国的相，王稽对他说："事情难以预料的有三种情况，无可奈何的也有三种情况。大王说不准哪一天去世，是难以预料的第一种情况。您也有可能突然死去，这是难以预料的第二种情况。假如我也突然死去，这是难以预料的第三种情况。大王一旦去世，你就算因为还没有报答我而遗恨终生，那是无可奈何的。您突然死去，虽因无法报答我而遗恨终生，那也是无可奈何的。我突然死去，你也会因无法报答我而遗恨终生，那更是无可奈何的。"范雎听了，不太高兴，范雎就上殿去见秦昭王，说："要不是王稽对大王的忠诚，秦国不可能接纳我；要不是大王贤明，我也不可能得到重用。现在我官为丞相，爵封列侯，而王稽仍然只是小小的谒者，这应该不是他接纳我到秦国的本意吧。"秦昭王召见了王稽，任命他为河东郡守，三年内可以不向朝廷上报政绩。范雎又举荐了郑安平，昭王任命为将军。范雎于是散尽家中财物，用以报答在危困时对他有帮助的人。哪怕是一顿饭的小恩小惠他都要报答，哪怕是瞪一下眼的小小仇怨他也必定报复。

纸上谈兵

《廉颇蔺相如列传》

赵括自少时学兵法，言兵事，以天下莫能当[1]。尝与其父奢言兵事，奢不能难[2]，然不谓善。括母问奢其故，奢曰："兵[3]，死地也，而括易言之。使[4]赵不将括即已，若必将之，破[5]赵军者必括也。"

赵括既[6]代廉颇，悉更[7]约束，易置军吏。秦将白起闻

---

① 当：抵得上。

② 难(nán)：诘难，驳倒。

③ 兵：战争。

④ 使：假使，如果。

⑤ 破：毁败。

⑥ 既：已经。

⑦ 更：更改。

之，纵[8]奇兵，佯[9]败走，而绝其粮道，分断其军为二，士卒离心。四十余日，军饿，赵括出锐卒自搏战，秦军射杀赵括。括军败，数十万之众遂降秦，秦悉坑[10]之。赵前后所亡凡四十五万。

---

⑧ 纵：出动。
⑨ 佯：假装。
⑩ 坑：活埋。

译文

赵括从小时候起就学习兵法，谈论打仗，自认为天底下没谁能比得上自己。他曾经与父亲赵奢谈论军事，赵奢虽然难不倒他，却说赵括不善于用兵。赵括的母亲问赵奢为什么会这样说，赵奢说："打仗，是关乎生死的事，赵括把它说得如此轻而易举。假使赵国不用赵括为将则罢了，如果一定要用他为将，将来赵军战败被摧毁一定是因为赵括。"

赵括代替廉颇为将之后，便将原来的部署和规定全部更改，还更换了原来各军的指挥将领。秦将白起听闻此消息，便调动奇兵，假装败走，而截断了赵军运粮的路，把赵军切断成两半，赵军军心涣散，士气低落。与秦军相持四十多天，赵军断粮，士兵饥饿，赵括带领精锐部队亲自出战，却被秦军用箭射死。赵军战败，几十万士兵投降秦军，秦军把他们全部活埋了。赵军前后折损的士兵共计四十五万人。

完璧归赵

《廉颇蔺相如列传》

秦王坐章台见相如，相如奉璧奏[1]秦王。秦王大喜，传以示美人及左右，左右皆呼万岁。相如视秦王无意偿赵城，乃前曰："璧有瑕[2]，请指示王。"王授璧。相如因持璧却[3]立，倚柱，怒发上冲冠，谓秦王曰："大王欲得璧，使人发书至赵王，赵王悉召群臣议，皆曰：'秦贪，负[4]其强，以空言求璧，偿城恐不可得。'议不欲予秦璧。臣以为布衣之交尚不相欺，况大国乎？且以一璧之故逆强秦之欢，不可。于是赵王乃斋戒五日，使臣奉璧，拜送书于庭。何者？严[5]大国之威以修敬也。今臣至，大王见臣列观[6]，礼节甚

---

① 奏：进献。
② 瑕：斑点、疵病。
③ 却：后退几步。
④ 负：凭借，倚仗。
⑤ 严：尊重。
⑥ 列观：一般的宫殿，这里指章台。

倨[7]，得璧，传之美人，以戏弄臣。臣观大王无意偿赵王城邑，故臣复取璧。大王必欲急[8]臣，臣头今与璧俱碎于柱矣！”

相如持其璧睨柱，欲以击柱。秦王恐其破璧，乃辞谢[9]，固请，召有司案图，指从此以往十五都予赵。

相如度秦王特以诈佯为予赵城，实不可得，乃谓秦王曰：“和氏璧，天下所共传宝也。赵王恐，不敢不献。赵王送璧时斋戒五日。今大王亦宜斋戒五日，设九宾于廷，臣乃敢上璧。”秦王度之，终不可强夺，遂许斋五日，舍相如广成传[10]。

相如度秦王虽斋，决负约不偿城，乃使其从者衣褐，怀其璧，从径道亡，归璧于赵。

---

⑦ 倨：傲慢。

⑧ 急：逼迫。

⑨ 辞谢：婉言道歉。

⑩ 传（zhuàn）：招待宾客的馆舍。

译文

秦王坐在章台宫接见蔺相如，蔺相如捧着和氏璧献给秦王。秦王非常高兴，把璧传给姬妾们及左右侍从看，侍从们高呼万岁。蔺相如看出秦王其实没有用城邑抵偿赵国的意思，便走上前说：“璧上有一点瑕疵，请让我指给大王看。”秦王叫人把璧交还给蔺相如。蔺相如手持璧玉，后退几步，背靠廷柱站立，怒发冲冠地对秦王说：“大王想得到宝璧，派人送信给赵王，赵王召集全体大臣商议，都说：‘秦国贪婪，倚仗着自身强大，想用空话得到宝璧，说是给我们城邑恐怕是不可能的。’讨论结果是不想给秦国宝璧。我认为百姓之间交往尚且不互相欺骗，何况是国家之间呢？再说为了一块宝璧招惹强大的秦国不高兴，是不应该的。于是赵王斋戒了五天，派我捧上宝璧，拜送国书给大王。为什么要这样呢？这是尊重大国的威望而表示恭敬啊。如今我来到贵国，大王在一般的宫殿召见我，礼节轻慢，拿到宝璧，传给姬妾们观看，以此来戏弄我。我看大王没有抵偿城邑给赵王的意思，所以我又取回宝璧。大王若一定要逼我，我的头和宝璧将一起撞碎在柱子上！”

蔺相如拿着宝璧，眼睛斜视着廷柱，就要朝柱子撞去。秦王害怕他真的把宝璧撞碎，于是向蔺相如道歉，再三请求蔺相如息怒，并叫来主管官员拿来地图，指出从某地到某地的十五座城邑会交割给赵国。

蔺相如估计秦王只是特意摆出偿付赵国城邑的样子，实际上赵国是不可能得到这些城邑的，便对秦王说：“和氏璧，是天下公认的宝物。赵王因为敬畏秦国，不敢不献出来。赵王送宝物之时斋戒了五天，现在大王也应该斋戒五天，在宫廷典礼上设立九宾礼，我才敢奉献宝物。”秦王估量，终究也不能用强力夺取，就答应斋戒五天，把蔺相如安置在广成驿馆。

蔺相如估量秦王虽答应了斋戒，但一定会背信弃约不给城邑，就派随从穿上百姓的麻布衫，怀揣宝璧，从小路逃走，把宝璧送回赵国。

负荆请罪

《廉颇蔺相如列传》

既罢，归国，以相如功大，拜为上卿，位在廉颇之右[①]。

廉颇曰："我为赵将，有攻城野战之大功，而蔺相如徒以口舌[②]为劳，而位居我上。且相如素[③]贱人，吾羞，不忍为之下！"宣言[④]曰："我见相如，必辱之。"相如闻，不肯与会。相如每朝时，常称病，不欲与廉颇争列[⑤]。已而相如出，望见廉颇，相如引车避匿。

于是舍人相与谏曰："臣所以去亲戚而事君者，徒慕君之高义也。今君与廉颇同列，廉君宣恶言，而君畏匿之，恐惧

---

① 右：上。秦汉以前，以右为尊。

② 口舌：言语。

③ 素：向来，本来。

④ 宣言：扬言。

⑤ 列：位次。

殊甚。且庸人尚羞之，况于将相乎？臣等不肖，请辞去。”蔺相如固止之，曰：“公之视廉将军孰与秦王？”曰：“不若也。”相如曰：“夫以秦王之威，而相如廷叱之，辱其群臣。相如虽驽[6]，独畏廉将军哉？顾[7]吾念之，强秦之所以不敢加兵于赵者，徒以吾两人在也。今两虎共斗，其势不俱生。吾所以为此者，以先国家之急而后私仇也。”

廉颇闻之，肉袒负荆，因[8]宾客至蔺相如门谢罪，曰：“鄙贱之人，不知将军宽之至此也！”

卒相与欢，为刎颈之交。

---

⑥ 驽：愚劣，无能。

⑦ 顾：只是，不过。

⑧ 因：通过，经由。

译文

渑池之会结束后，蔺相如回到赵国，因为他的功劳大，被封为上卿，官位排在廉颇之上。

廉颇说：“我是赵国的将军，有攻战城池作战旷野的大功，而蔺相如仅凭能说会道立了点功，地位却反在我之上。何况蔺相如本就出身卑贱，我感到羞耻，无法忍受在他之下！”廉颇扬言道：“我碰到蔺相如，一定要羞辱他一番。”蔺相如听说后，不愿和廉颇相会。每逢上朝时，蔺相如常常声称有病，不愿去和廉颇争位次的高低。不久，蔺相如外出，远远看到廉颇来了，蔺相如就叫车子避开。

于是蔺相如的门客一齐劝说蔺相如：“我们之所以离开父母亲人侍奉您，就是仰慕您的高尚节义。如今您与廉颇官阶相同，廉将军公开口出恶言，而您害怕躲避，胆怯得厉害。一般人尚且感到羞耻，更何况是身为将相的人呢？我们这些

人没有出息，请让我们辞去吧。”蔺相如坚决挽留他们，说：“你们看廉将军与秦王相比如何呢？”大家说：“比不上。”蔺相如说：“以秦王的威风，我蔺相如还敢在朝廷上斥责他，羞辱他的群臣。我蔺相如虽平庸无能，难道会怕一个廉将军吗？只是我经常想，强秦之所以不敢发兵攻打赵国，只是因为有我们两人在啊。如今要是两虎相斗，势必不能同时生存。我之所以这么做，是把国家的危难放在前头，把个人的私怨放在后面。”

廉颇听说了这些话，就脱去上衣，袒露上身，背上荆条，在宾客的引领下，到蔺相如府上道歉。说：“我这个粗野之人，想不到您如此宽厚！”两人终于交欢和好，成了生死之交。

廉颇老矣，尚能饭否

《廉颇蔺相如列传》

廉颇居梁久之，魏不能信用。赵以数[1]困于秦兵，赵王思复得廉颇，廉颇亦思复用于赵。赵王使使者视廉颇尚可用否。廉颇之仇郭开多与使者金，令毁之。赵使者既见廉颇，廉颇为之一饭斗米，肉十斤，被[2]甲上马，以示尚可用。赵使还报王曰："廉将军虽老，尚善饭，然与臣坐，顷之三遗矢矣。"赵王以为老，遂不召。

---

① 数：多次。

② 被：同"披"。

译文

廉颇在大梁居住了很久，魏国不信任他，对他无法重用。赵国因为多次受到秦兵的攻击，赵王想重新起用廉颇，廉颇也想为赵国尽力。赵王派使者去探望廉颇，看他还能不能带兵。廉颇的仇人郭开用重金贿赂使者，叫他复命时说廉颇的坏话。赵国使者见到廉颇，廉颇为此一顿饭用米一斗，肉十斤，又披挂全副甲胄上马，表示自己还可以被任用。赵国使者回来向赵王报告说："廉将军虽然年纪大了，但是饭量还不错，可是陪我坐了一会，就上了三次厕所。"赵王认为廉颇老了，就不再召他回来了。

田单火牛阵

《田单列传》

田单乃收城中得千余牛，为绛缯[1]衣，画以五彩龙文，束兵刃于其角，而灌脂束苇于尾，烧其端。凿城数十穴，夜纵牛，壮士五千人随其后。牛尾热，怒而奔燕军，燕军夜大惊。牛尾炬火光明炫耀，燕军视之皆龙文，所触尽死伤。五千人因衔枚[2]击之，而城中鼓噪从之，老弱皆击铜器为声，声动天地。燕军大骇，败走。齐人遂夷杀[3]其将骑劫。燕军扰乱奔走，齐人追亡逐北[4]，所过城邑皆畔[5]燕而归田单。

---

① 绛缯：红色丝绸。

② 衔枚：枚状如筷子，行军时衔在口中，以防发出声音。

③ 夷杀：斩杀。

④ 追亡逐北：乘胜追击。

⑤ 畔：同“叛”。

译文

田单便从城中收集了一千多头牛，给它们披上大红色的丝绸，在丝绸上画上五颜六色的蛟龙图像，在牛角上绑上锋利的尖刀，扎一束浸透油脂的芦苇在牛尾上，在末端点火。田单又命人把城墙凿出几十个洞，在夜里放出火牛，派五千精兵跟在牛群后面。因芦苇束燃烧后烤烧牛尾，牛吃痛，发怒狂奔，直向燕军冲去，燕军突然间在半夜遭到袭击，吓得惊慌失措。牛尾上的火把，照得四处通明如昼，燕军看见一头头的庞然怪物，身上满是龙纹，凡碰上的不死即伤。那五千精兵，口中衔枚，悄无声息地上前攻击，而城中的人趁机擂鼓呐喊，连老弱妇孺都手持铜器同时敲击，呐喊助威连成一片，声响震天动地。燕军十分惊骇，四散溃逃。齐人在乱军之中斩杀了燕将骑劫。燕军在慌乱中溃散逃命，齐人紧紧追击败兵，一路上经过的城邑，都纷纷背叛燕国，归顺了田单。

燕将书

《鲁仲连邹阳列传》

燕将攻下聊城，聊城人或谗之燕，燕将惧诛，因保守聊城，不敢归。齐田单攻聊城岁余，士卒多死而聊城不下。鲁连乃为书，约[①]之矢以射城中，遗[②]燕将。

燕将见鲁连书，泣三日，犹豫不能自决。欲归燕，已有隙[③]，恐诛；欲降齐，所杀虏于齐甚众，恐已降而后见辱。喟然叹曰："与人刃我，宁自刃。"乃自杀。聊城乱，田单遂屠聊城。归而言鲁连，欲爵之。鲁连逃隐于海上，曰："吾与[④]富贵而诎[⑤]于人，宁贫贱而轻世肆[⑥]志焉。"

---

① 约：束，缚。
② 遗（wèi）：给。
③ 隙：隔阂，矛盾。
④ 与：与其。
⑤ 诎：委屈，受人限制。
⑥ 肆：放纵。

译文

燕将攻下聊城，聊城有人在燕王面前说燕将的坏话，燕将害怕被杀，就据守在聊城不敢回去。齐将田单围攻聊城一年多，士卒死伤很多仍攻不下聊城。鲁仲连就写了一封信，系在箭上射进城去，送给燕将。

燕将看了鲁仲连的信，哭了好几天，犹豫着无法做出选择。他想回到燕国去，又觉得已经有了嫌隙，害怕被杀；想投降齐国，又因为杀死和俘虏过许多齐国人，害怕投降后遭受侮辱。燕将长叹一声说："与其让别人来杀我，还不如自杀。"就自杀了。聊城大乱，田单进兵血洗聊城。田单回师向齐王报告了鲁仲连的事迹，齐王想封鲁仲连爵位。鲁仲连听说后逃到海边隐居起来，说："与其因繁华富贵而屈身侍奉人，我宁愿贫贱看轻世俗过自在肆意的生活。"

屈原投江

《屈原贾生列传》

屈原至于江滨，被[1]发行吟泽畔。颜色憔悴，形容枯槁。渔父见而问之曰："子非三闾大夫欤？何故而至此？"屈原曰："举世混浊而我独清，众人皆醉而我独醒，是以见放[2]。"渔父曰："夫圣人者，不凝滞[3]于物而能与世推移。举世混浊，何不随其流而扬其波？众人皆醉，何不哺[4]其糟而啜其醨[5]？

① 被：同"披"。

② 见放：被放逐。

③ 凝滞：拘泥，固执。

④ 哺：吃。

⑤ 醨：薄酒。

何故怀瑾握瑜[6]而自令见放为？”屈原曰：“吾闻之，新沐者必弹冠，新浴者必振衣，人又谁能以身之察察[7]，受物之汶汶[8]者乎！宁赴常流而葬乎江鱼腹中耳，又安能以晧晧之白而蒙世俗之温蠖乎[9]！”乃作《怀沙》之赋。

于是怀石遂自沈汨罗以死。

---

⑥ 怀瑾握瑜：喻人具有高才美德。瑾、瑜，都是美玉名。

⑦ 察察：干净洁白的样子。

⑧ 汶汶：污浊肮脏的样子。

⑨ 温蠖：污垢。

译文

屈原流放到了湘水边上，披头散发地在荒野草泽上一边走，一边悲愤吟唱。他脸色憔悴，形体枯槁。有个渔翁见到他，就问道："你不是三闾大夫吗？为什么到了这种地步？"屈原说："整个世人都是污浊的，只有我独自清白，大家都醉生梦死，唯有我独自清醒，因此我被放逐了。"渔翁说："一个聪明的道德修养都能达到最高境界的人，对待事物的看法就不应太过固执，而应随时势的变化而变化。整个世人都污浊，你何不随波逐流推波助澜呢？大家都醉生梦死，你何不在其中吃点残羹剩酒呢？你何必要死死地坚守你那份如美

玉一般的节操，最后却自讨了个被放逐的下场呢？”屈原说：“俗话说，刚洗过头的人一定要掸掸帽子上的灰尘，刚洗了澡的人一定会抖落衣服上的尘土，谁愿意让自己的清白之身，受外界的混浊的玷污呢！我宁愿跳入江流而葬身在鱼腹中，也不愿让自己晶莹洁白的品质蒙上世俗的尘污！”于是写了《怀沙》赋。

于是他抱着石头自沉于汨罗江而死。

奇货可居

《吕不韦列传》

子楚，秦诸庶孽①孙，质于诸侯，车乘进用不饶②，居处困，不得意。吕不韦贾③邯郸，见而怜之，曰“此奇货可居”。

乃往见子楚，说曰：“吾能大④子之门。”子楚笑曰：“且自大君之门，而乃大吾门！”吕不韦曰：“子不知也，吾门待子门而大。”子楚心知所谓，乃引与坐，深语。吕不韦曰：“秦王老矣，安国君得为太子。窃闻安国君爱幸华阳夫人，华阳夫人无子，能立適⑤嗣者独华阳夫人耳。今子兄弟二十余人，子又居中，不甚见幸，久质诸侯。即⑥大王薨，安国君立为王，则

---

① 庶孽：非嫡子正妻所生的孩子。

② 不饶：不富裕。

③ 贾（gǔ）：做生意。

④ 大：光大，扩大。

⑤ 適：同“嫡”。

⑥ 即：若。

子毋几[7]得与长子及诸子旦暮在前者争为太子矣。”子楚曰：“然。为之奈何？”吕不韦曰：“子贫，客于此，非有以奉献于亲及结宾客也。不韦虽贫，请以千金为子西游，事安国君及华阳夫人，立子为適嗣。”子楚乃顿首曰：“必如君策，请得分秦国与君共之。”

---

⑦ 毋几：没有希望。

译文

子楚是秦昭王庶出的孙子，在诸侯国当人质，他使用的车马及生活财物都不富足，生活困苦，处境很是失意。吕不韦在邯郸做生意，结识了子楚，十分同情他，说“这是一件奇货，可以囤积居奇，以待高价售出”。

于是他去拜见子楚，说：“我能光大您的门庭。”子楚笑着说：“你还是先光大你自己的门庭，然后再来光大我的门庭吧！”吕不韦说：“你不懂，我的门庭要依靠你的门庭才能光大。”子楚当下明白了吕不韦的意图，就请他坐下来，密谋深谈。吕不韦说：“秦王老了，您父亲安国君被立为太子。我私下听说安国君宠爱华阳夫人，华阳夫人没有生儿子，而能最后立嫡的只有华阳夫人。现在你们兄弟二十多人，你排行又在中间，也不受宠爱，还长期被留在诸侯国做人质。如果大王逝世，安国君自然即位为秦王，那时您也别寄希望于与长兄以及天天陪侍在新王身边的兄弟们争太子之位了。”子楚说："的确是这样。我应该怎么办呢？"吕不韦说："您本来就贫困，又客居在赵国，拿不出东西奉献给双亲，也无力结交宾客。我吕不韦虽不富裕，但请允许我拿出一千金为您西去秦国游说，替您孝敬安国君和华阳夫人，好让他们立你为太子。"子楚就叩头拜谢说："如果实现了你的计划，我愿意分一半秦国给你。"

一字千金

《吕不韦列传》

当是时，魏有信陵君，楚有春申君，赵有平原君，齐有孟尝君，皆下士[1]喜宾客以相倾[2]。吕不韦以秦之强，羞不如，亦招致士，厚遇之，至食客三千人。是时诸侯多辩士，如荀卿之徒，著书布天下。吕不韦乃使其客人人著所闻，集论[3]以为八览、六论、十二纪，二十余万言。以为备天地万物古今之事，号曰《吕氏春秋》。布[4]咸阳市门，悬千金其上，延诸侯游士宾客有能增损一字者予千金。

---

① 下士：谦虚对待士人。

② 相倾：争胜负，争高低。

③ 集论：编集。

④ 布：陈列，公布。

译文

在这时，魏国有信陵君，楚国有春申君，赵国有平原君，齐国有孟尝君，他们都礼贤下士，喜欢结交宾客，也总在这方面互相攀比争胜。吕不韦认为秦国最强大，为自己的宾客比不上四公子而羞耻，也广招文人学士，给他们丰厚的待遇，他门下的食客达到三千人。那时东方各诸侯国都有很多才辩之士，像荀卿这样的人，著书立说，流传天下。吕不韦就让自己的宾客人人都写下自己的所见所闻，将他们的言论综合起来编集成八览、六论、十二纪，共有二十多万字。他认为其中包括了古往今来天地万物的事理，号称《吕氏春秋》。吕不韦把这部书公布在咸阳的城门上，悬挂千金在上面，遍请诸侯各国的游士宾客，若有人能增删更改一个字，就把千金赏给他。

士为知己者死

《刺客列传》

豫让者，晋人也，故尝[1]事范氏及中行氏，而无所知名。去而事智伯，智伯甚尊宠之。及智伯伐赵襄子，赵襄子与韩、魏合谋灭智伯，灭智伯之后而三分其地。赵襄子最怨智伯，漆其头以为饮器[2]。豫让遁逃山中，曰："嗟乎！士为知己者死，女为说[3]己者容。今智伯知我，我必为报仇而死，以报智伯，则吾魂魄不愧矣。"乃变名姓为刑人[4]，入宫涂厕，中挟匕

---

① 尝：曾。

② 饮器：酒壶、酒杯之类。

③ 说：同"悦"。

④ 刑人：被判刑服役的人。

首，欲以刺襄子。襄子如厕，心动，执问涂厕之刑人，则豫让，内持刀兵，曰："欲为智伯报仇！"左右欲诛之。襄子曰："彼义人也，吾谨避之耳。且智伯亡无后，而其臣欲为报仇，此天下之贤人也。"卒释去之。

译文

豫让是晋国人，先前曾经侍奉范氏和中行氏，并不出名。他离开这两家去侍奉智伯，智伯非常尊重宠信他。等到智伯攻伐赵襄子时，赵襄子与韩、魏联合灭掉了智伯，灭掉智伯后三家分割了智伯的土地。赵襄子最恨智伯，把他的头制成漆器，作为饮酒用具。豫让逃亡到山中，说：“唉，士人应当为知己的人牺牲生命，女子应该为爱自己的人修饰容貌。智伯了解我，我一定要为他报仇而献出生命，用以报答智伯，那么，我的魂魄也没有什么可惭愧的了。”于是

他更名改姓，装成一个被判刑服役的刑犯，潜入赵襄子的宫中修整厕所，身上暗藏匕首，想来刺杀赵襄子。赵襄子进入厕所，心中一惊，便拘留粉刷厕所墙壁的刑犯，审问得知是豫让，衣服里别着利刃，他供认说："我要为智伯报仇！"赵襄子的侍卫要杀死他。赵襄子说："他是深明大义的人，我谨慎点回避他就是了。况且智伯身死没有后代，他的家臣要替他报仇，这是天下的贤人。"最终把他释放了。

易水送别

《刺客列传》

太子及宾客知其事者，皆白衣冠以送之。至易水之上，既祖[1]，取道，高渐离击筑[2]，荆轲和而歌，为变徵[3]之声，士皆垂泪涕泣。又前而歌曰："风萧萧兮易水寒，壮士一去兮不复还！"复为羽声慷慨，士皆瞋目[4]，发尽上指冠。于是荆轲就车而去，终已不顾[5]。

---

① 祖：临行祭祀路神，这里指饯行、送别。

② 筑：一种竹制的乐器。

③ 变徵：徵音的变调，声调悲凉。古时音乐分宫、商、角、徵、羽、变宫、变徵七音。

④ 瞋目：形容发怒时瞪大眼睛的样子。

⑤ 顾：回头。

译文

太子丹和知道这件事的宾客，都穿着白衣戴着白帽来为荆轲送行。他们到了易水边上，饯行后上路，高渐离击筑奏乐，荆轲和着拍子唱歌，唱出了苍凉悲惋的变徵音调，送行的人都流泪啜泣。荆轲一边前行，一边唱道："风萧萧兮易水寒，壮士一去兮不复还！"进而又变为羽调的慷慨激昂之音，众人都睁大了眼睛，怒发冲冠。此时，荆轲登车离去，始终不曾回头。

专诸刺吴王僚

《刺客列传》

光伏甲士于窟室中，而具酒请王僚。王僚使兵陈自宫至光之家，门户阶陛左右，皆王僚之亲戚[①]也。夹立侍，皆持长铍[②]。酒既酣，公子光详为足疾，入窟室中，使专诸置匕首鱼炙[③]之腹中而进之。既至王前，专诸擘[④]鱼，因以匕首刺王僚，王僚立死。左右亦杀专诸，王人[⑤]扰乱。公子光出其伏甲以攻王僚之徒，尽灭之，遂自立为王，是为阖闾。阖闾乃封专诸之子以为上卿。

---

① 亲戚：亲信，亲近者。

② 铍：两边都有锋刃的刀。

③ 鱼炙：烧好的鱼。

④ 擘：剖，撕开。

⑤ 王人：吴王僚的侍从亲近等。

译文

公子光在密室里埋伏下身穿铠甲的杀手，备办酒席宴请吴王僚。吴王僚派出卫队从王宫一直排到公子光的家门，一路森严，所有门户及台阶两旁，都站立着吴王僚的亲信。在吴王僚的两侧，卫士手里都拿着双刃长刀。酒喝到尽兴时，公子光假意说脚痛，走进密室，叫专诸把匕首藏在烤熟的鱼腹中，把鱼送进宴会厅。等专诸端着鱼到了吴王僚跟前，就分开鱼拿匕首刺向吴王僚，吴王僚当场死亡。周围的卫士也杀死了专诸，吴王僚的人一时混乱。公子光派出密室中的杀手攻击吴王僚的部属，把他们全部消灭，于是立自己为吴王，这就是阖闾。阖闾便封专诸的儿子为上卿。

聂政刺韩傀

《刺客列传》

严仲子具告曰："臣之仇韩相侠累，侠累又韩君之季父也，宗族盛多，居处兵卫甚设①，臣欲使人刺之，终莫能就。今足下幸而不弃，请益其车骑壮士可为足下辅翼者。"聂政曰："韩之与卫，相去中间不甚远，今杀人之相，相又国君之亲，此其势不可以多人，多人不能无生得失，生得失则语泄，语泄是韩举国而与仲子为仇，岂不殆②哉！"遂谢车骑人徒，聂政乃

① 甚设：指防卫严密。
② 殆：危险。

辞独行。

杖剑至韩，韩相侠累方坐府上，持兵戟而卫侍者甚众。聂政直入，上阶刺杀侠累，左右大乱。聂政大呼，所击杀者数十人，因自皮面决眼，自屠出肠，遂以死。

韩取聂政尸暴于市，购问莫知谁子。于是韩悬购之，有能言杀相侠累者予千金。久之莫知也。

译文

严仲子原原本本地告知他说："我的仇人是韩相侠累，侠累是韩王的叔父，宗族强盛，居住的地方都防卫森严，我想派人刺杀他，始终没能成功。如今承蒙您不嫌弃我，我就多派些车骑壮士做你的辅助者。"聂政说："韩国距离卫国不远，现在要杀的是韩相，他又是韩王的叔父，这种情形下人多没有益处，人多了难免要出岔子，出了岔子就可能泄露消息，泄露了消息，那全韩国人都将与你为敌，岂不更危险吗！"于是谢绝了车骑众人，聂政独自一人辞行上路。

聂政带着宝剑到了韩国，韩相侠累正坐在相府堂上，周

围围着很多手执兵器的侍卫。聂政径直闯入，直上台阶刺杀了侠累，侍从乱作一团。聂政高声吼着，杀死了几十个侍卫，最后自己划破脸皮，挖了眼睛，剖开肚子，露出肠子，就这样死了。

韩国人把聂政的尸体暴露在街头，出赏金查问凶手姓名来历，却没人知道他是哪家的子弟。于是韩国悬重赏征求，谁能说出刺杀韩相侠累的人，就赏赐一千金。过了很久，还是没人知道。

多多益善

《淮阴侯列传》

上常①从容与信言诸将能不，各有差②。上问曰：“如我能将几何？”信曰：“陛下不过能将十万。”上曰：“于君何如？”曰：“臣多多而益善耳。”上笑曰：“多多益善，何为为我禽③？”信曰：“陛下不能将兵，而善将将，此乃信之所以为陛下禽也。且陛下所谓天授，非人力也。”

---

① 常：同“尝”，曾经。

② 差（cī）：等级。

③ 禽：同“擒”，此指控制。

译文

皇上曾经与韩信闲谈讨论各位将领的才能高下，认为他们各有长短。皇上问韩信：“像我这样的能带多少兵？”韩信说：“陛下不过能统率十万兵。”皇上又问：“那你呢？”韩信说：“我带兵的话越多越好。”皇上笑着说：“带兵越多越好的人，怎么被我抓获了？”韩信说：“陛下不擅长带兵，可善于驾驭将领，这就是我被陛下擒获的原因。何况陛下是上天赐予的，这不是人力能做到的。”

期期艾艾

《张丞相列传》

及帝欲废太子，而立戚姬子如意为太子，大臣固争[①]之，莫能得。上以留侯策[②]即止。而周昌廷争之强，上问其说，昌为人吃，又盛怒，曰："臣口不能言，然臣期期知其不可。陛下虽欲废太子，臣期期不奉诏。"上欣然而笑。既罢，吕后侧耳于东箱[③]听，见周昌，为跪谢曰："微君，太子几废。"

---

① 固争：坚决反对，劝阻。

② 留侯策：指留侯张良为吕后出谋划策，请来"商山四皓"，从而打消刘邦想废太子的念头。

③ 箱：同"厢"，正殿的侧室。

译文

等到高帝想要废掉太子，立戚夫人的儿子刘如意为太子时，很多大臣都坚决反对，未能奏效。后来幸好因张良为吕后出谋划策，请来“商山四皓”，皇上才作罢。可是周昌在朝廷上极力争辩时，态度极为强硬，皇上问他原因，周昌因为口吃，又在气头上，说：“臣口不能说，但我心里期期知道不行。陛下即使想废太子，但臣期期不奉诏。”皇上也被逗得笑起来。此事过后，吕后在东厢房侧着耳朵听到了，她见了周昌，就道谢说：“若没有您的据理力争，太子就要被废了。”

张释之执法

《张释之冯唐列传》

上[1]行出[2]中渭桥，有一人从桥下走出，乘舆马惊。于是使骑捕，属之廷尉。释之治问[3]。曰：“县人来，闻跸[4]，匿桥下。久之，以为行已过，即出，见乘舆车骑，即走耳。”廷尉奏当：一人犯跸，当罚金。文帝怒曰：“此人亲惊吾马，吾马赖[5]柔和，令他马，固不败伤我乎？而廷尉乃当之罚金！”释之曰：“法

① 上：指汉文帝。

② 出：路过，经过。

③ 治问：查究，追问。

④ 跸：皇帝车驾所过，侍卫预先发出警告声，禁止路人通行，称为“跸”。

⑤ 赖：幸亏。

者天子所与天下公共也。今法如此而更重之，是法不信于民也。且方其时，上使立诛之则已。今既下廷尉，廷尉，天下之平也，一⑥倾而天下用法皆为轻重，民安所措其手足？唯陛下察之。”良久，上曰：“廷尉当是也。”

⑥ 一：一旦。

译文

皇上出行经过中渭桥，有一个人突然从桥下跑出，惊吓了皇上所乘马车的马匹。于是皇上派随从骑兵追捕到这个人，交给了廷尉张释之。张释之审讯了那人。那人说：“我是个乡下人，进城听到清道禁止人通行的戒严令，就赶紧躲到桥底下。等了很久，我以为皇帝的车驾已经过去了，就走出来，看到皇帝的车驾刚到这里，就跑起来了。”廷尉上奏判处决定：该人违反戒严令，判处罚款。文帝发怒说：“这人亲身惊了我的马，幸亏我的这匹马性情温顺，如果是其他马，岂不是要翻车摔伤我吗？这种情况廷尉才判处罚款！”张释之说：“法令是天子和天下人都要共同遵守的。现在按法令量刑就该如此处罚，如果加重判处，这样法令就不能取信于民了。况且在现场抓住，就地正法也就罢了。现如今既然交给了廷尉，廷尉是为天下人公平执法的带头人，稍一偏失，那整个天下的执法者就可能任意轻重，那老百姓不就手足无措了吗？希望陛下明察。”过了好一阵，皇上说：“廷尉的判处是对的。”

鄙人不知忌讳

《张释之冯唐列传》

上既闻廉颇、李牧为人，良说，而搏髀[1]曰："嗟乎！吾独不得廉颇、李牧时为吾将，吾岂忧匈奴哉！"唐曰："主臣！陛下虽得廉颇、李牧，弗能用也。"上怒，起入禁中。良久，召唐让[2]曰："公奈何众辱我，独无间处[3]乎？"唐谢曰："鄙人不知忌讳。"

---

① 髀：大腿。
② 让：责备。
③ 间处：无人之处，合适的空隙，指私下个别地交谈。

译文

皇上听闻有关廉颇、李牧的为人后，非常高兴，拍着大腿说："哎！偏偏我得不到廉颇、李牧这样的人做将领，要是他们能成为我的大将，我难道还会忧虑匈奴吗！"冯唐说："主上！陛下即使得到了廉颇、李牧，也不会任用他们的。"皇上大怒，起身走入宫中。过了一阵，皇上召见冯唐责备说："你为何当众羞辱我，难道不能私下告诉我吗？"冯唐赔罪说："我是个粗人，不懂得忌讳。"

扁鹊见齐桓侯

《扁鹊仓公列传》

扁鹊过齐，齐桓侯客之。入朝见，曰："君有疾在腠理[1]，不治将深。"桓侯曰："寡人无疾。"扁鹊出，桓侯谓左右曰："医之好利也，欲以不疾者为功。"后五日，扁鹊复见，曰："君有疾在血脉，不治恐深。"桓侯曰："寡人无疾。"扁鹊出，桓侯不悦。后五日，扁鹊复见，曰："君有疾在肠胃间，不治将深。"桓侯不应。扁鹊出，桓侯不悦。后五日，扁鹊复见，望见桓侯而退走。桓侯使人问其故。扁鹊曰："疾之居腠理也，汤熨之所及也；在血脉，针石之所及也；其在肠

---

① 腠理：指皮肤的纹理与皮下肌肉之间的空隙。

胃，酒醪[2]之所及也；其在骨髓，虽司命无奈之何。今在骨髓，臣是以无请也。”后五日，桓侯体病，使人召扁鹊，扁鹊已逃去。桓侯遂死。

② 酒醪：醇酒或浊酒，这里指药酒。

译文

扁鹊经过齐国，齐桓侯把他当客人接待。他入朝拜见齐桓侯，说："您有疾病已侵入皮肤之下，不治疗的话将会深入体内。"齐桓侯说："我没有病。"扁鹊走出宫门之后，桓侯对左右的大臣说："当医生的人都喜好功利，想把无病的人'治好'说成是自己的功绩用来邀功。"过了五天，扁鹊再见桓侯，说："您的病已经潜入血液里了，再不治疗恐怕会加深。"齐桓侯说："我没有病。"扁鹊退出后，齐桓侯不高兴。又过了五天，扁鹊再见桓侯，说："您的病已到肠胃间，不治疗将会

加深。”齐桓侯不肯接话。扁鹊退出，齐桓侯不高兴。过了五天，扁鹊又来拜见齐桓侯，远远望见齐桓侯却后退跑了。齐桓侯派人去问他为什么跑。扁鹊说：“疾病在皮肉，汤剂加药熨的效力就能救治；疾病在血脉，用针刺加砭石就能救治；疾病在肠胃，用药酒的效力就能救治；病入骨髓，即使是主宰生命的神也无可奈何了。如今桓侯的病到了骨髓，因此我不再请求给他治病。”再经过五天，齐桓侯身患重病，派人去召请扁鹊，扁鹊已逃离齐国。桓侯最终还是病死了。

强弩之末

《韩长孺列传》

匈奴来请和亲，天子下议[①]。大行[②]王恢，燕人也，数为边吏，习知胡事。议曰：“汉与匈奴和亲，率不过数岁即复倍[③]约。不如勿许，兴兵击之。”安国曰：“千里而战，兵不获利。今匈奴负[④]戎马之足，怀禽兽之心，迁徙鸟举，难得而制也。得其地不足以为广，有其众不足以为强，自上古不属为人。

---

① 下议：交给臣下讨论。
② 大行：官名。
③ 倍：同“背”，违背。
④ 负：依靠。

汉数千里争利，则人马罢[5]，虏以全制其敝。且强弩之极，矢不能穿鲁缟[6]；冲风[7]之末，力不能漂鸿毛。非初不劲，末力衰也。击之不便，不如和亲。”群臣议者多附安国，于是上许和亲。

---

⑤ 罢：疲惫。

⑥ 鲁缟：鲁地出产的薄绢。

⑦ 冲风：强风。

译文

匈奴派人前来请求和亲，皇帝交给群臣讨论商议。大行王恢是燕地人，做过好几次边郡官吏，对匈奴情况非常熟悉。他发表言论说："汉朝同匈奴和亲，大抵过不了几年匈奴就又背弃盟约侵犯边关。不如不答应，发兵攻打它。"韩安国说："派军队到千里以外去作战，不会有好的战果。现在匈奴依靠其骑兵的强悍，怀着禽兽般的贪心，如飞鸟般迁移，难以制伏。我们得到它的土地也算不上开疆拓土，统治了其百姓也不能增强我们的国力，自上古以来他们就不属于中原天子的子民。汉军到几千里外去争夺利益，一定会舟车劳顿人马疲惫，而匈奴则凭借全面优势来对抗我方的弱点。况且说射出最强劲的箭，到了射程的尽头也没有力量了，连鲁地所产的最薄的白绢也穿不透；向上直吹的强风到了末尾连鸿毛也飘浮不起了。并非一开始就力量不强劲，而是到了最后力量衰弱了。派军攻打匈奴实在不便利，不如实行和亲。”群臣的意见大多附和韩安国，于是皇上同意与匈奴和亲。

司马迁赞李广

《李将军列传》

《传》曰“其身正，不令而行；其身不正，虽令不从”。其李将军之谓也？余睹李将军悛悛[1]如鄙人，口不能道辞[2]。及死之日，天下知[3]与不知，皆为尽哀。彼其忠实心诚[4]信于士大夫也？谚曰“桃李不言，下自成蹊[5]”。此言虽小，可以谕大也。

---

① 悛悛：忠厚老实的样子。
② 道辞：能说会道。
③ 知：认识。
④ 诚：确实。
⑤ 蹊：路。

译文

书《传》里说“当领导者本身行为端正，用自身做出表率，那么他不用命令，人们也遵守行为规范；如果领导者本身行为不端正，哪怕三令五申，人们也不遵从”。这说的不正是李将军吗？我看李将军诚诚恳恳，忠厚老实像个乡下人，口齿木讷不善言辞。等到他死的那一天，全天下认识他的和不认识他的人，都在为他尽哀。他那一颗忠诚的心确实感动士大夫了吧？谚语说“桃树李树都不会讲话，但树底下却踩出了一条条小路”。这话虽然说的是很小的事，却可以用来说明大道理。

李广射石

《李将军列传》

广居右北平，匈奴闻之，号曰“汉之飞将军”，避之数岁[①]，不敢入右北平。广出猎，见草中石，以为虎而射之，中石没镞[②]，视之石也。因复更射之，终不能复入石矣。广所居郡闻有虎，尝[③]自射之。及居右北平射虎，虎腾伤广，广亦竟射杀之。

---

① 岁：年。

② 镞：箭头。

③ 尝：同“常”，经常。

译文

李广镇守右北平，匈奴听说后，称他为“汉朝的飞将军”，好几年都一直在躲避他，不敢侵犯右北平郡。有一次，李广外出打猎，远远看见草丛里的一块石头，以为是老虎，就一箭射去，箭头整个钻进了石头里，走过去一看才知道是块石头。接着他就重新再射，却再也射不进去了。李广在各郡驻守的时候，听说有老虎出没，就常常亲自去射杀。等到驻守右北平，一次射杀老虎时，老虎跳跃起来，扑伤了李广，李广最终还是把老虎射死了。

匈奴未灭，无以家为

《卫将军骠骑列传》

骠骑将军为人少言不泄，有气敢任。天子尝欲教之孙吴兵法[1]，对曰："顾方略何如耳，不至学古兵法。"天子为治第[2]，令骠骑视之，对曰："匈奴未灭，无以家为也。"由此上益重爱之。

① 孙吴兵法：孙武和吴起所著的兵法。
② 第：府第。

译文

骠骑将军霍去病为人沉默寡言，不露声色，有气魄，敢做敢当。天子曾经想教他孙吴兵法，霍去病回答说：“排兵布阵关键要看胸中有无韬略，不必学习古代兵法。”天子为霍去病修盖府第，让骠骑将军去看看，他说：“匈奴还没有消灭，臣没有心思考虑小家。”因此皇上更加器重和宠爱他。

夜郎自大

《西南夷列传》

滇王与汉使者言曰:“汉孰与我大?”及夜郎侯亦然。以[1]道不通故,各自以为一州主,不知汉广大。使者还,因盛言滇大国,足事亲附。天子注意焉。

---

① 以:因为。

译文

滇王同汉朝使者说："汉朝与我国相比，哪一个大？"等汉朝使者到了夜郎，夜郎侯王也这样问。由于交通阻塞，他们各自为一方的主宰，都不知道汉朝的广大。使者回来，极力说滇国很大，值得让他们归附汉朝。皇上十分重视。

当垆卖酒

《司马相如列传》

相如与俱之临邛，尽卖其车骑，买一酒舍酤酒[①]，而令文君当炉。相如身自著犊鼻裈[②]，与保庸[③]杂作，涤[④]器于市中。卓王孙闻而耻之，为杜门不出。昆弟诸公更谓王孙曰："有一男两女，所不足者非财也。今文君已失身于司马长卿，长卿故倦游，虽贫，其人材足依也，且又令客，独奈何相辱如此！"卓王孙不得已，分予文君僮百人，钱百万，及其嫁时衣被财物。文君乃与相如归成都，买田宅，为富人。

---

① 酤酒：卖酒。

② 犊鼻裈（kūn）：类似于今天的围裙。因形似犊鼻，故名。

③ 保庸：指酒馆、饭店里的侍应人员。

④ 涤：洗刷。

译文

司马相如和卓文君一起回到临邛。他们把自己的车马都卖掉，买下了一个小酒店卖酒，让卓文君站在柜台旁。司马相如自己身穿犊鼻短裤，与雇佣的工人一起干活，当街在闹市中洗刷酒器。卓王孙听说这件事之后，感到很羞耻，因此闭门不出。他的兄弟以及临邛的长者都出来劝说："你卓王孙就一个儿子两个女儿，家里也不是缺少钱财。现在卓文君已经嫁给司马长卿了，司马长卿厌烦游宦的生活，眼下虽贫困，他的品貌才能是靠得住的，而且他又是县令的贵客，你又何必让他们受这样的委屈呢！"卓王孙没办法，只好分给了文君一百个奴仆，一百万钱，以及她第一次出嫁时的衣服被褥等财物。卓文君就带着这些人丁财物和司马相如又回到了成都，在成都买了一些房屋土地，成了富人。

一尺布，尚可缝

《淮南衡山列传》

民有作歌歌淮南厉王曰："一尺布，尚可缝；一斗粟，尚可舂[①]。兄弟二人不能相容。"上闻之，乃叹曰："尧舜放逐骨肉[②]，周公杀管蔡，天下称圣。何者？不以私害公。天下岂以我为贪淮南王地邪？"乃徙[③]城阳王王淮南故地，而追尊谥淮南王为厉王，置园复如诸侯仪[④]。

---

① 舂：以杵臼捣去谷物的皮壳。

② 尧舜放逐骨肉：一说指尧放其子丹朱，舜放其弟象。

③ 徙：转移，迁移。

④ 仪：礼仪。

译文

民间流传着一首有关淮南厉王的民谣，意思是："一尺麻布，尚可缝；一斗谷子，尚可舂。兄弟二人却不能相容。"皇上听说后，就叹息道："尧舜放逐了自己的骨肉至亲，周公杀掉了弟弟管叔、蔡叔，天下人仍称他们是圣人。为什么呢？是因为他们能够不以私情妨害王朝的利益。天下人难道觉得我是在贪图淮南王的地盘吗？"于是文帝下令调城阳王刘喜去统领淮南的故地，同时追谥刘长为淮南厉王，并按照诸侯王的仪制给他修建了坟墓。

李离过听自刑

《循吏列传》

李离者，晋文公之理[1]也。过听杀人，自拘当[2]死。文公曰："官有贵贱，罚有轻重。下吏有过，非子之罪也。"李离曰："臣居官为长，不与吏让位；受禄为多，不与下分利。今过听杀人，傅[3]其罪下吏，非所闻也。"辞不受令。文公曰："子则自以为有罪，寡人亦有罪邪？"李离曰："理有法，失刑则刑，失死则死。公以臣能听微决疑，故使为理。今过听杀人，罪当死。"遂不受令，伏剑而死。

① 理：法官。
② 当：定罪。
③ 傅：加，推给。

译文

李离是晋文公的法官。他审查案情时因为误信他人出了差错而杀了不该杀的人,他发现后,就把自己关起来,给自己判了死罪。晋文公说:“官职有高低之别,处罚有轻重之差。错杀人是你手下官员的过错,不是你的罪过。”李离说:“臣被任命为他们的长官时,我没有与他们推让;臣得到的俸禄比他们多时,也没有把俸禄分给他们。现在我偏听偏信错杀了人,却把罪过推给下级,没听说过有这样的道理。”他坚决推辞,不接受晋文公的宽免。晋文公又说:“用你的逻辑来看,你认为自己有罪,那是不是我也有罪?”李离说:“法官应该依法办事,用错了刑,就该受刑,杀错了人,就该被杀。您是认为臣能够明察秋毫,解决疑难杂案,才让我做法官的。现在我误信他人杀错了人,按罪理应处以死刑。”于是不接受晋文公的赦令,用剑自杀谢罪。

门不夜关，道不拾遗

《循吏列传》

子产者，郑之列大夫也。郑昭君之时，以所爱[1]徐挚为相，国乱，上下不亲，父子不和。大宫子期言之君，以子产为相。为相一年，竖子不戏狎[2]，斑白不提挈[3]，僮子不犁畔。二年，市不豫贾[4]。三年，门不夜关，道不拾遗。四年，田器[5]不归。五年，士无尺籍，丧期不令而治。治郑二十六年而死，丁壮号哭，老人儿啼[6]，曰："子产去我死乎！民将安归？"

---

① 爱：宠信。

② 戏狎（xiá）：打闹，开玩笑。

③ 提挈：手提重物。

④ 贾：同"价"。

⑤ 田器：指耕田用的农具。

⑥ 儿啼：像孩子似的哭得那么伤心。

译文

子产是郑国的大夫。郑昭君在位时，让自己所宠信的徐挚做宰相，结果把国家弄得乱七八糟，官民不亲和，父子不和睦。大宫子期把这些情况奏报了郑昭君，郑昭君改任子产为相。子产执政一年，游手好闲的年轻人不再胡闹，白发的老人不用再手提重物为生活奔波，小孩子不再下地耕作。两年之后，市场上买卖公平，物价平稳。三年之后，人们晚上睡觉也不用锁门，丢在路上的东西也不会被他人拾走。等到第四年，种田的农具就可以放在地里。五年之后，士民无须再服役当兵，哀葬死者的礼仪，也用不着人说而大家都知道按着丧礼办事了。子产治理郑国二十六年后去世，他死时，成年人都放声痛哭，连老人也像小孩子一样悲啼，他们都说：“子产离开我们走了！今后我们要依靠谁呀？”

汲黯开仓

《汲郑列传》

河内失火，延烧千余家，上使黯往视之。还报曰："家人失火，屋比延烧，不足忧也。臣过河南，河南贫人伤水旱万余家，或父子相食，臣谨以便宜，持节①发河南仓粟以振②贫民。臣请归节，伏矫制③之罪。"上贤而释之，迁为荥阳令。

---

① 持节：持着皇帝所授的旌节。

② 振：救济。

③ 矫制：假传圣旨。

译文

河内郡发生了火灾，大火蔓延烧了一千多户人家，皇上派汲黯前去调查。汲黯回来报告说：“是因为一户普通人家失火，由于房屋相连紧密，造成大火蔓延燃烧，不必多虑。臣经过河南时，发现河南当地的贫苦人家遭遇水旱灾害，灾民多达一万多家，有的甚至父子相食，臣谨慎地进行处理，凭手中的符节，下令发放了河南郡官仓的粮食赈济灾民。臣现在请求缴还符节，甘愿接受假传圣旨的责罚。”皇上认为汲黯做得对，赦免了他，调任他去荥阳做县令。

门可罗雀

《汲郑列传》

下邽翟公有言，始翟公为廷尉，宾客阗[1]门；及废，门外可设雀罗[2]。翟公复为廷尉，宾客欲往，翟公乃大署其门曰："一死一生，乃知交情。一贫一富，乃知交态。一贵一贱，交情乃见。"

① 阗：充满。
② 雀罗：捕鸟雀用的网。

译文

下邽县翟公曾说过，起初他做廷尉时，家中宾客盈门；后来丢了官，门外便冷清得可以张罗捕雀。等到翟公复官后，宾客们又想去登门拜访，翟公就在大门上书写：“一死一生，才知道彼此的交情。一贫一富，才知道结交的真情。一贵一贱，彼此的交情才会显出。”

为治者不在多言

《儒林列传》

天子使①使束帛加璧②安车③驷马迎申公，弟子二人乘轺传从。至，见天子。天子问治乱之事，申公时已八十余，老，对曰：“为治者不在多言，顾力行何如耳。”是时天子方好文词，见申公对，默然。

---

① 使：派遣。

② 束帛加璧：古代使用的一种聘礼。

③ 安车：车轮裹以软物，以减少颠簸，利于老者乘坐。

译文

皇上派遣使者带着束帛和玉璧，驾着驷马安车去迎请申公，申公的两个学生则乘着普通轻便的车跟着随行。到了京师，申公拜见了天子。天子向他询问社稷安危大事，当时申公已经八十多岁了，年纪已老，回答说：“治理国家的人不必多说话，只要努力实干就行了。”这时的天子正爱好浮夸的文辞，听到申公的回答，无言以对。

王温舒以杀立威

《酷吏列传》

王温舒者，阳陵人也。少时椎埋[①]为奸。已而试补县亭长，数[②]废。为吏，以治狱至廷史。事张汤，迁为御史。督盗贼，杀伤甚多，稍[③]迁至广平都尉。择郡中豪敢任吏十余人，以为爪牙，皆把[④]其阴[⑤]重罪，而纵使督盗贼。快其意所欲得，此人虽有百罪，弗法[⑥]；即[⑦]有避，因其事夷[⑧]之，亦灭宗。以其故齐、赵之郊盗贼不敢近广平，广平声为道不拾遗。上闻，迁为河内太守。

---

① 椎埋：指盗墓。

② 数：多次。

③ 稍：逐渐。

④ 把：掌握。

⑤ 阴：隐秘的。

⑥ 弗法：不依法治罪。

⑦ 即：如果。

⑧ 夷：平，这里指杀死。

译文

王温舒是阳陵县人。他年轻时做过盗墓贼。他后来试补为县里亭长，又多次被革职。后来他当了小官，因善于办案被升为廷尉史。王温舒在张汤手下任职，被提拔为御史。他督察缉捕盗贼，杀伤过不少人，逐渐升为广平郡都尉。在任期间，王温舒选择了郡中十几个胆大妄为的豪强为下属，让他们作自己的得力助手，并且手握他们每个人隐秘的重大罪行，然后放手让这些人去督捕盗贼。只要他们能够抓捕到王温舒所想要抓的人，即使这个人身犯百条大罪，也不依法治罪；如果有所回避，就依据他所犯的罪行杀死他，甚至灭掉他的家族。也是这个原因，齐地、赵地之郊的盗贼都不敢接近广平郡，广平郡有了道不拾遗的名声。皇上听说后，提升王温舒为河内郡太守。

非此母不能生此子

《酷吏列传》

汤乃为书谢曰："汤无尺寸功，起刀笔吏，陛下幸致为三公，无以塞责。然谋陷汤罪者，三长史也。"遂自杀。

汤死，家产直[1]不过五百金，皆所得奉赐，无他业。昆弟诸子欲厚葬汤，汤母曰："汤为天子大臣，被污恶言而死，何厚葬乎！"载以牛车，有棺无椁。天子闻之，曰："非此母不能生此子。"乃尽案诛三长史。丞相青翟自杀。出田信。上惜汤，稍迁[2]其子安世。

① 直：同"值"。

② 稍迁：逐步升迁。

译文

张汤于是写奏疏谢罪说："我张汤没有任何功劳，起初只是文书小吏，蒙陛下宠信将我提升为三公大臣，臣无法推脱罪责。然而谋害诬陷张汤罪责的，是三位长史。"便自杀了。

张汤死后，家产总值不超过五百金，都是他所得的俸禄和赏赐，没有其他的产业。他的兄弟和儿子们想厚葬他，他母亲说："张汤为天子的大臣，被恶言诬陷而自杀，为什么要厚葬呢！"出殡时，只是用牛车载着他的棺材，而没有外椁。皇上听说后，说："如若不是这样的母亲，便生不出这样的儿子。"于是追究此案，把三长史都杀了。丞相庄青翟也自杀了。田信被释放了。皇上很惋惜张汤之死，逐步提拔他的儿子张安世。

淳于髡献鹄[1]

《滑稽列传》

昔者，齐王使淳于髡献鹄于楚。出邑门，道飞其鹄，徒揭[2]空笼，造诈成辞，往见楚王曰："齐王使臣来献鹄，过于水上，不忍鹄之渴，出而饮之，去我飞亡。吾欲刺腹绞颈而死，恐人之议吾王以鸟兽之故令士自伤杀也。鹄，毛物，多相类者，吾欲买而代之，是不信而欺吾王也。欲赴佗[3]国奔亡，痛吾两主使不通。故来服过，叩头受罪大王。"楚王曰："善，齐王有信士若此哉！"厚赐之，财倍鹄在也。

---

① 鹄：鸿鹄，天鹅。
② 揭：举，托着。
③ 佗：同"他"。

译文

从前，齐王派淳于髡进献一只天鹅给楚王。出了都城门，在半路上天鹅飞走了，淳于髡只能托着一个空笼，编了一番说辞，前去见楚王说：“齐王派我给大王送天鹅，经过一条河，看天鹅干渴我不忍心，便放出它饮水，它却离开我飞走了。我想剖腹或上吊而死，却又担心人们议论大王看重鸟兽而迫使士人自杀。天鹅是长羽毛的鸟，相似的很多，我想买一只来代替，但这是不诚实，是欺骗大王。我想逃命到其他国家，又痛心齐楚两国君主之间的这次通使被中断。所以特地前来请罪，向大王叩头，请求惩罚。”楚王说：“很好，齐王竟然有你这样的忠诚贤士！”楚王用厚礼赏赐了淳于髡，比他进献天鹅应得的赏赐多了一倍。

东方朔避世于朝廷

《滑稽列传》

朔行殿中，郎谓之曰："人皆以先生为狂。"朔曰："如朔等，所谓避世于朝廷间者也。古之人，乃避世于深山中。"时坐席中，酒酣，据地歌曰："陆沈[1]于俗，避世金马门[2]。宫殿中可以避世全身，何必深山之中，蒿庐[3]之下。"金马门者，宦署门也，门傍有铜马，故谓之曰"金马门"。

① 沈：同"沉"。

② 金马门：汉代宫门名。东方朔、主父偃、严安等都曾在此处等候过武帝的召见。

③ 蒿庐：即草屋。

译文

东方朔在殿中行走，有个郎官对他说：“大家都认为先生是个狂人。”东方朔说：“像我东方朔这样的人，就是所谓避世隐居在朝廷中的人。古代的人，所谓避世都是隐居在深山之中。”东方朔有时在酒席上，酒喝到兴起就坐在地上唱歌，说：“隐居在世俗中，避世在金马门。在宫殿里也可以隐居，保全自身，何必要到深山之中，草屋之下。”金马门就是宦官的官署大门，门旁边立有铜马，所以就叫“金马门”。

白圭经商有道

《货殖列传》

白圭，周人也。当魏文侯时，李克务[1]尽地力，而白圭乐观时变，故人弃我取，人取我与[2]。夫岁孰[3]取谷，予之丝漆；茧出取帛絮，予之食……欲长钱，取下谷；长石斗[4]，取上种。能薄[5]饮食，忍嗜欲，节衣服，与用事僮仆同苦乐，趋时[6]若猛兽挚鸟之发[7]。故曰："吾治生产，犹伊尹、吕尚之谋，孙吴用兵，

---

① 务：务必。
② 与：给予。
③ 孰：同"熟"，丰收。
④ 石斗：石和斗都是量器，这里指代粮食。
⑤ 薄：不重视。
⑥ 时：时机。
⑦ 发：突发。

商鞅行法是也。是故[8]其智不足与权变，勇不足以决断，仁不能以取予，强不能有所守，虽欲学吾术，终不告之矣。”盖天下言治生祖[9]白圭。白圭其有所试矣，能试有所长，非苟[10]而已也。

---

⑧ 是故：因此。

⑨ 祖：学习，效法。

⑩ 苟：随便。

译文

白圭是西周人。在魏文侯时,李克致力于土地收成,而白圭喜欢观察时节变化,所以当产物过剩低价抛售时他收购,他人高价收取时他出售。年成丰收时他就购进粮食,出售丝、漆;蚕茧产出时他就购进帛、丝绵,出售粮食……想要手中钱多,就购进低质的粮食;想要手中粮食多,就购进上等的粮种。白圭不讲究吃喝,抑制嗜欲,节省穿戴,和手下的奴仆同甘共苦,捕捉赚钱的时机就像猛兽凶禽猎取食物那样迅捷。因此他说:“我经营生产,就像伊尹、吕尚筹划谋略,像孙子、吴起用兵打仗,像商鞅变法那样。因此,如果一个人的智慧不足以随机应变,勇气不足以果敢决断,仁德不能够正确取舍,坚强不能够有所坚守,即使他想学习我的方法,我终究也不会告诉他的。”因此天下的人说到经商之术都在效仿白圭。白圭大概是有所尝试,尝试的又都能有所成就,这并不是随随便便就能做到的。

太史公遭祸而叹

《太史公自序》

七年而太史公遭李陵之祸，幽于缧绁[①]。乃喟然而叹曰："是余之罪也夫！是余之罪也夫！身毁不用矣！"退而深惟曰："夫《诗》《书》隐约者，欲遂其志之思也。昔西伯拘羑里，演《周易》；孔子厄陈蔡，作《春秋》；屈原放逐，著《离骚》；左丘失明，厥有《国语》；孙子膑脚，而论兵法；不韦迁蜀，世传《吕览》；韩非囚秦，《说难》《孤愤》；《诗》三百篇，大抵贤圣发愤之所为作也。此人皆意有所郁结，不得通其道也，故述往事，思来者。"于是卒述陶唐[②]以来，至于麟止，自黄帝始。

---

① 缧绁：捆绑犯人的绳索，指牢狱。

② 陶唐：指尧。

译文

司马迁编纂《史记》的第七年,因"李陵事件"而大祸临头,被关进了监狱。于是长叹说:"是我的罪过啊!是我的罪过啊!身体毁伤,不会再被任用了。"退居之后转而深思说:"《诗》《书》之所以写得隐晦,是因为作者想要更好地表达自己深沉的思想。从前西伯被囚禁在羑里,却推演出了《周易》;孔子在陈国和蔡国遭受过困境,便作了《春秋》;屈原被怀王放逐,创作了《离骚》;左丘眼睛瞎了,这才有了《国语》;孙子受了膑刑之苦,论述了兵法;吕不韦流放西蜀,后世却一直流传着《吕氏春秋》;韩非子被囚禁在秦国,才有了《说难》《孤愤》;《诗》三百篇,大都是圣贤为抒发心中愤懑之情的作品。这些人都是因心里有郁结,又找不到可以发泄的通道,所以才叙述往事,思考未来。"于是叙述了从唐尧以来到汉武帝获得麒麟为止的历史,开头从黄帝写起。

知识补给站

古代文化常识之古代官职

上卿 周代官制，天子及诸侯皆有卿，分上、中、下三等，最尊贵者谓“上卿”。如齐桓公即位后，奉管仲为上卿；蔺相如在“完璧归赵”之后，被赵王拜为上卿。

三公 西周指太师、太傅、太保，是天子的顾问。到了秦朝，权力高度集中，设立丞相，掌管全国政务，太尉，掌军事，御史大夫，掌监察，合称“三公”。东汉光武帝以后以太尉、司徒、司空为“三公”。明清时期也有三公，与西周相同，不过都是荣誉性虚衔，用以封赠大臣。

九卿 秦汉所设，分管各方面政务。秦时九卿为：奉常、郎中令、卫尉、宗正、太仆、廷尉、典客、治粟内史、少府。奉常为九卿之首,掌宗庙礼仪及文化教育;郎中令掌宫殿门户守卫,为宿卫侍从长官;卫尉为宫门警卫之官;宗正专管皇室亲属事务;太仆掌皇帝车马,兼掌全国马政;廷尉为中央最高司法长官;典客掌民族事务及朝聘;治粟内史职责为征收盐铁钱谷租税和管理国家财政收支;少府掌山海地泽之税和官府手工业制造,以供应皇室。汉朝九卿为太常、光禄勋、卫尉、太仆、廷尉、大鸿胪、宗正、大司农、少府,即中央各机关的总称。汉九卿虽名号与秦九卿有些许差别,但职能无太大区别。

相、丞相、宰相 相是在国君之下辅助国君处理政务的最高官制。商代把相叫尹;春秋时叫卿;秦朝称丞相;汉朝承秦制,仍叫丞相,也称相国;唐以后称为宰相;清朝称中堂。相、宰这两个字显示出它具有的家臣制度的痕迹。所谓"相",在古代是主人会见宾客时,辅助主人进行接待仪式的人,一般由家中高级家臣担任。而"宰"是祭祀时宰杀牲畜的主要家臣,实际上,在内即为宰,在外即为相。

长史 秦时为辅助丞相的属官,如李斯曾任长史,相当于丞相的秘书长。两汉以后称为将军属官，是幕僚之长。东汉改西域都护府为西域长史府。曹魏设立西域长史府。

御史大夫　秦代设置的官名，为丞相的副手，侍御史之长，负责监察百官。西汉时丞相、御史并称，丞相府和御史大夫府合称二府。凡军国大计，皇帝常和丞相、御史共同议决。丞相位缺，一般都是由御史大夫直接升任。御史和皇帝亲近，所以群臣奏事须由他向上传达，皇帝下诏书，则先下御史，再达丞相、诸侯王或守、相，因而皇帝常常利用御史大夫督察和牵制丞相。明代改御史大夫为都御史，自此其官遂废。

太师、太傅、太保　古代高官三公，为天子辅弼之官。太师的名号在汉代以后往往成为大臣的加衔，能够得到这个名号的都是朝中的一些权臣，比如北宋的蔡京，南宋的秦桧、史弥远，明代的张居正。而所谓的太子太师则是皇太子的辅导之官，往往也是由大臣兼任的。太傅和太保的情况与太师相似，并且也有太子太傅、太子太保。值得注意的是，将太师、太傅、太保称为三公是古文经学家的说法，今文经学家则认为三公是司马、司徒、司空。

司马、司徒、司空 古代三公。不过这三个官名在先秦时期多有设置，不仅中央有，地方也有。司马管理军事，司徒管理人民，司空管理建设。在西汉以丞相、太尉、御史大夫为三公后，司马一度不置，但汉武帝改太尉为大司马，东汉又改为太尉。后代以大司马称兵部尚书，少司马称兵部侍郎。此外，隋代以后，地方官也有司马一职，为一挂名空职。至于司徒，西汉哀帝改丞相为大司徒，后代则以司徒作为大官员的加称，清代又称户部尚书为大司徒。而司空在汉代也经常与御史大夫的名称换来换去，最后也变成了荣誉头衔。